知って
もらいたい
会計

トップマネジメントより
役員、幹部、
中堅のビジネスパーソンへ

片岡 方和　著

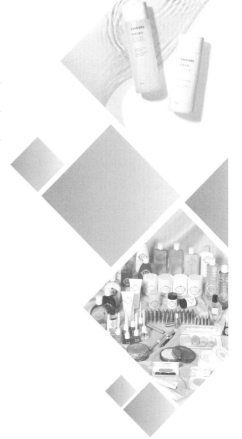

税務経理協会

は じ め に

　アメリカ産業界では長い間「会社は第一に株主に仕える」とし，株主
の利益のために働くべきとされてきました。しかし，2019年8月，米国
大手企業の団体であるビジネス・ラウンド・テーブルは，「顧客，従業
員，サプライヤー，地域社会そして株主のために働くべき」とし，会社
の存在意義について新たな方針を表明するに至りました。つまり，株主
だけでなく，会社を取り巻く多くの利害関係者（以下，「ステークホル
ダー」という）のために経済活動を進めるという決意を明らかにするな
ど，会社の在り方が大きく変化してきています。

　私はこれまで「営利活動を目的とする会社は誰のものか？」という質
問には「会社に出資または株式を購入した株主のものである」と答える
ものの，「誰のためのものか？」という質問には「その会社で働く従業
員のためのものである」と答えてきました。多くのステークホルダーの
ために存在していることも事実ですが，やはり最も重視すべきは従業員
の立場だということです。

　経営者として，会社の存在意義をどう考えるかは，時代とともに，ま
た国ごとに，あるいは同じ国でも会社や経営者ごとに異なるもので，ど
の考えが正しいという思いはありません。その会社の目的，業種，置か
れた環境などで経営者ごとに考えが異なっても何らおかしくはないと考
えています。

　そうであれば，株主に経営を委任された経営者の努力や会社の成果を
示す決算書はどのように評価すればよいか，いろいろな見方があると思
います。多くのステークホルダーの立場では決算書の見方がそれぞれ異
なるものの，本書では会社という立場からの見方を仮定して，決算書を

1

説明することにしました。

　理系・文系という経歴にかかわらずマネジメントに携わるビジネスパーソンは，会計や決算書について十分理解できる能力を持たなければなりません。本書を理解し活用することで，経営者や従業員の努力や会社の成果はどうであったか，どうすれば業績が良くなるか，注力すべき業務や拡大すべき分野は何かなど，多くの情報が明らかになるはずです。これらのことが明らかになって初めて，営利活動を進める会社の重要な目的の一つである利益の確保が長い目で見て可能となるのではないでしょうか。

　私たちビジネスパーソンが属している資本主義社会において，会社は健全な営利活動を通じて常に適正な利潤を確保し，着実に発展し続けなければなりません。会社の営利活動に責任ある立場の役員，幹部，中堅社員の皆さんに本書を読んでいただき，視野が拡がった，仕事をするうえで参考になった，会計の視点を組み合わせることで情報の質が向上した，など何らかの価値を見出していただければ本望です。

　本書は，令和4年9月20日，ちふれホールディングス株式会社（以下，「ちふれ」という）の75周年を記念して，ちふれのマネジメントにかかわる役員，幹部，中堅社員の皆さんや今後そのような立場に立つ社員のために書き上げ，配付するに至りました。

　その後，一部の関係者からこの書籍をちふれグループのみならず，一般の読者のため出版したらどうかという意見をいただきました。私なりに真摯に考えたうえで，会計に興味を持つ一般のビジネスパーソンが，会計やその関連する領域へ知識を広げるために本書が有効な内容であると考えました。そのような経緯の中で，本書がビジネスパーソンの参考になり，75周年記念の本書を執筆した価値が，さらに大きくなってほしいと期待しています。

　今後は，ビジネスパーソンが営利企業としての努力の結果である利益の内容を把握し，売上高の増加や会社の規模・業務内容がどのように変化したかを理解しつつ，確かな営利活動を進めることで，会社が社会的に意義ある立場を保ちつつ，着実に発展し続けていくよう願っています。

片岡方和

目　　次

はじめに

I　会社はビジネスパーソンの集団で
　営利を目的とする継続企業

1　経営と決算書 ………………………………………………… 3

2　会社とステークホルダー …………………………………… 4

　⑴　株主の立場 …… 5

　⑵　経営者の立場 …… 5

　⑶　債権者の立場 …… 6

　⑷　従業員の立場 …… 7

　⑸　消費者（顧客）の立場 …… 7

　⑹　会社の立場 …… 7

　⑺　各々の立場のまとめ …… 9

3　モノとコト …………………………………………………… 11

4　決　算　書 …………………………………………………… 12

5　試　算　表 …………………………………………………… 16

6　会計要素の内容 ……………………………………………… 20

　⑴　資　　産 …… 21

　⑵　負　　債 …… 22

　⑶　純　資　産 …… 24

　⑷　収　　益 …… 26

　　⑸　費　　　用 ……27

　7　会計要素のまとめ ……………………………………………………31

　　問題① ……33

　　問題② ……33

　　問題③ ……34

　　問題④ ……34

　　問題⑤ ……35

Ⅱ　簿記は会計の出発点

　1　営利活動における"モノ"や"コト"の変化と仕訳 …………39

　　⑴　資産の増加 ……39

　　⑵　資産の減少 ……41

　　⑶　負債の増加 ……42

　　⑷　負債の減少 ……44

　　⑸　純資産の増加 ……45

　　⑹　純資産の減少 ……46

　　⑺　収益の実現 ……47

　　⑻　収益の減少 ……49

　　⑼　費用の発生 ……50

　　⑽　費用の減少 ……51

　　⑾　仕訳における借方・貸方のまとめ ……53

　2　営利活動における取引の種類と仕訳 ………………………………55

　　⑴　成　果　取　引 ……55

　　問　題 ……58

　　⑵　努　力　取　引 ……59

　　　問　　題 ……61

　　(3)　交 換 取 引 ……63

　　　問　　題 ……64

　　　問　　題 ……66

　　　問　　題 ……68

　　(4)　訂 正 取 引 ……69

　3　取引事例による仕訳（複式簿記）……………………………… 71

　　(1)　取引と仕訳 ……71

　　(2)　仕訳帳への記入 ……78

　4　帳簿（総勘定元帳）への記入 ………………………………… 79

　5　期末の総勘定元帳の整理 ……………………………………… 84

　　(1)　総勘定元帳からＰ／Ｌ残高・Ｂ／Ｓ残高勘定への転記 ……84

　　(2)　Ｐ／Ｌ残高勘定とＢ／Ｓ残高勘定の締め切り ……94

　6　貸借対照表と損益計算書の作成 ……………………………… 96

　　(1)　貸借対照表の作成 ……96

　　(2)　損益計算書の作成 ……97

　7　決算書の簡単な分析 …………………………………………… 97

　　(1)　当期と前期の比較による成長性 ……98

　　(2)　決算書の内容の検討　―収益性― …… 101

　　(3)　決算書の内容の検討　―安全性― …… 104

　　(4)　生　産　性 …… 111

　8　ある化粧品会社の事例 ……………………………………… 112

　　(1)　貸借対照表，損益計算書および個別注記表 …… 113

　　(2)　前期の貸借対照表と損益計算書 …… 119

　　(3)　事例とした化粧品会社の各指標の分析 …… 121

3

9 会社のモノやコトについて，
うれしい程度またはいやな程度 ……………………… 133

(1) 資産（うれしいモノ）のうれしい程度 …… 133

(2) 負債（いやなモノ）のいやな程度 …… 135

(3) 純資産（いやなモノ）のいやな程度 …… 136

(4) 収益（うれしいコト）のうれしい程度 …… 137

(5) 費用（いやなコト）のいやな程度 …… 139

Ⅲ　会計の道しるべは適正な期間損益

1 期 間 損 益 ………………………………………… 143

2 費用収益対応の原則 ……………………………… 144

3 正しい期間損益計算 ……………………………… 145

(1) 収益の実現主義 …… 146

(2) 費用の発生主義 …… 146

4 経 過 勘 定 ………………………………………… 147

(1) 会社がサービスなどを購入する場合 …… 147

(2) 会社がサービスなどを販売する場合 …… 148

5 減 価 償 却 ………………………………………… 148

(1) 会計処理の方法 …… 149

(2) 減価償却費の計算方法 …… 150

(3) 法定耐用年数 …… 153

6 引 当 金 ………………………………………… 153

7 税効果会計 ………………………………………… 158

(1) 税効果会計を適用しない場合の損益計算書 …… 158

(2) 税 金 計 算 …… 159

⑶　税効果会計を適用する場合の損益計算書 …… 159

8　よく話題となる会計処理 ……………………………………… 161

⑴　減 損 会 計 …… 161

⑵　のれんの償却 …… 161

Ⅳ　グループ会社はひとつの会社

1　グループ会社の連結決算 ……………………………………… 165

⑴　投資と資本の消去 …… 165

⑵　債権と債務の消去 …… 167

⑶　取引高の消去 …… 168

⑷　未実現利益の消去 …… 168

2　取引と未実現利益の具体例とその消去 ………………………… 169

⑴　グループ内のみの販売の場合 …… 169

⑵　グループ外への販売とともに
　　グループ内に一部在庫が残る場合 …… 173

3　親会社（P社）・子会社（S社）の取引事例 ………………… 177

4　取引と仕訳 …………………………………………………… 177

5　総勘定元帳 …………………………………………………… 181

⑴　親会社（P社）について …… 181

⑵　子会社（S社）について …… 184

6　各社の貸借対照表と損益計算書の作成 ……………………… 186

⑴　P社の貸借対照表と損益計算書 …… 187

⑵　S社の貸借対照表と損益計算書 …… 188

7　内部取引の消去 ……………………………………………… 190

8　連結精算表 …………………………………………………… 191

9　連結貸借対照表と連結損益計算書 ……………………………… 193

おわりに ……………………………………………………… 195
著者紹介・ちふれホールディングス株式会社沿革 ……………… 199

I Ⅱ Ⅲ Ⅳ

会社はビジネスパーソンの集団で営利を目的とする継続企業

I 会社はビジネスパーソンの集団で営利を目的とする継続企業

Ⅱ 簿記は会計の出発点

Ⅲ 会計の道しるべは適正な期間損益

Ⅳ グループ会社はひとつの会社

1 経営と決算書

　株式会社など利益をあげることを目的とする会社（法人）は，組織の拡大，強化を通じて飲食業や小売業など一般の商人（自然人）が行うような仕事を効率化し，少人数ではできないような高度の仕事も行います。商人は，年をとると後継者不在などで廃業することもありますが，会社では役員や従業員による組織によって，営利活動を効果的・効率的に行い，将来にわたりずっと仕事をし続けることが前提になっています。このことは，会社そのものが生き続けることを意味し，そのために会社の経営は，経営者を中心に従業員，株主，取引先および消費者（顧客）などがそれぞれの役割を果たしながら進められています。

　株主は，法律上会社の所有者ですが，経営のことは経営者に任せていますので，経営者は会社のためまじめに仕事をこなし，どのような経営努力を行い，どれだけの成果をあげたかということについて，少なくとも年に1回は株主に報告しなければなりません。

　この報告は，「決算書」を中心に行われます。決算書は経営者が自分の責任で作成し，株主に報告されますが，その内容がどのようなものであったかによって，株主は経営者を交代させるか，継続させるかを考え，ときには株式を売却して会社の株主という立場から離れることもあります。また，借入先の銀行は，貸付を続けるか，増額するか，返済を求めるかの判断をし，株主になろうとしている投資家は，投資をするかどうかを決定し，また，従業員はこの会社で働き続けるべきかどうかを判断することになります。税務署にとっては税金徴収のための情報としても

利用されます。

　決算書は，一定期間（通常1年間）における会社の行う営利活動により，売上高などの収益，売上原価や経費などの費用，およびこれらの差額としての利益を明らかにする役割もあれば，この一定期間の末日（期末）における会社の財産である資産，買掛金や借金などの負債，および資本金や累積利益などの純資産を示す役割もあります。前者は会社が行った仕事，つまり営利活動の結果を示すもので「損益計算書⑴」と言い，後者は営利活動の結果としての会社の財産状態を示すもので「貸借対照表⑵」といいます。

　法人格を持つ会社は，それぞれの会社にとって崇高な経営理念があり，この経営理念を全うするために常に適正な利益を確保し，着実に発展しなければなりません。利益の内容を把握し，売上高の増加や会社の規模・内容がどのようになったかということを確認するためにも，この決算書は会社経営の報告書として，なくてはならないものと言えるでしょう。

 ## ② 会社とステークホルダー

　会社を取り巻くステークホルダーは，株主，経営者，取引先や，金融機関などの債権者，従業員，消費者（顧客）などです。そのステークホルダーの会社に対する考えや思いは価値観の在り方によってそれぞれ異

⑴　損益計算書は英語でProfit&Loss Statementと言い，略してP／Lという。今日ではIncome Statement，略してISということもある。
⑵　貸借対照表は英語でBalance Sheetと言い，略してB／Sという。

なりますが，ステークホルダーが置かれた立場から，①利益，②財産（以下，「資産」という），③負債・純資産のそれぞれについて，その考えや思いは次のようなものであると仮定します。

（1）　株主の立場

株主は会社に対し，①営利活動を通じて，収益から費用を差し引いた利益を最大にし，②短期的・中期的な成長のため営利活動のツールである資産が増えることを求め，③投資効率を高めるため，できるだけ債権者に対する債務，つまり債権者から調達する借金や買掛金などの負債（他人資本）を大きくするよう，また株主に属する純資産（自己資本）を小さくするよう望むでしょう。株主としては少ない投資で多くの利益を期待するでしょうから，純資産を少なくしたいと考えていますが，同時に過小資本になると倒産のリスクが高まるので，ある程度以下になることは避けたいところです。

なお，わが国では株式保有期間3年以下の株主が約42％存在し，全株主の平均株式保有期間が約4年8か月[3]ですので，②で述べたように短期的・中期的な成長を望んでいると考えました。

（2）　経営者の立場

経営者は，①株主に頼まれて会社を経営しているので株主の思いと同

---

[3]　個人投資家の証券投資に関する意識調査報告による。日本証券業協会作成（2019年1月）。

様，利益を最大にしようと考えますが，②自らの考えで経営を行い，それを続けたいという願望もあり，株主以上に，より長期に亘る会社の成長と，そのために必要な資産の増加に努めます。③この資産の増加は，対応する「負債＋純資産」の増加を意味し，負債は金利などの負債コストを負担するとともに債務の返済を必要とし，純資産は配当を含む自己資本コスト(4)の負担はあるものの原則として返済の必要がありません。そのため，経営者は純資産を大きく負債を小さくすることで資金繰りが楽になるよう望みますが，同時に株主の要求は純資産を小さくして投資効率を高めたいということなので，可能な範囲で純資産の増加は抑えつつ利益を最大にしようとします。つまり，経営者は純資産が資金繰りなどで苦しくない限り，一定額以上の純資産については多めの配当金支払いや自己株式の買い取りを行うことで，自ら純資産を少なくすることがあります(5)。

(3) 債権者の立場

債権者は，①債権が回収できる程度に会社として業界並みの利益を獲得していれば良いので，利益を最大にすることまでは望まないでしょうし，②安定的な成長のため，資産の維持・増大を求め，③倒産のようなリスクを小さくするため，できるだけ純資産は大きく，元本の支払い義

---

(4) 自己資本コストは株主が期待する利益相当額のことであるが，その一部である配当金を除き資金の支出を伴わない。

(5) 2020年3月期のある大手商社の株主還元額は4,884億円と前の期に比べて2,900億円増えた。自社株買いのため発行済み株式数の7.5％に相当する枠を設定したうえ，約2,000億円の配当総額は，維持するとした（2020年6月25日付日本経済新聞）。

務のある負債は小さくなるよう望んでいます。

(4)　従業員の立場

　従業員は，①給料や賞与など人件費が確保される限り利益を最大にし，可能であればその利益からさらに多くの賞与や昇給を期待し，②その会社で働く期間は通常長期に亘るので，より長期の成長のための資産の増加を求め，③倒産リスクを小さくするため，できるだけ純資産を大きく負債を小さくするよう望むでしょう。

(5)　消費者（顧客）の立場

　消費者（顧客）は，①商品やサービスの価格は安いほうが良いので収益を抑えつつ，同時に会社の仕事が続けられるよう適正な利益の負担を受け入れ，②会社の安定的な成長のため，資産の維持または増加を求め，③より良い商品やサービスの提供をし続けてもらいたいので倒産を望まず，それゆえ，できるだけ純資産を大きく負債を小さくするよう期待しています。

(6)　会社の立場

　それでは，これまで述べたステークホルダーの思いとは別に，法人格を持つ会社自身はどのような思いでしょうか？　損益計算書や貸借対照

表は会社の活動の結果を示すものですから，決算書を説明する場合には会社を自然人とみなし，会社の気持ちになって会社の思いを説明することが重要になってきます。

　会社は，①営利活動を行う会社，つまり営利企業ですから，その目的である利益を増加させ，②継続して活動する企業として着実な成長・発展を願い，そのために必要な資産の増加を図ります，③また，負債，純資産について，会社は出来るだけ最適バランス(6)を進める立場であると考えます。負債は金利など負債コストの負担がありますし，取引先などとの約束により元本の返済も必要になります。ただし，負債コストには同時に節税効果もありますが，負債コストの負担ほど大きくはありません。一方，純資産は自己資本コストの負担はありますが，財務的安定性が高まり倒産リスクが低減する効果があります。なお，純資産はこれに基づく配当などの支払いを要求されるものの，株主が出資した資本金や準備金の返還は原則として必要ありません。なお，倒産リスクは会社が置かれている厳しい経済環境下の課題であり，通常の状況ではあまり問題になりません。

　このような前提の下で，会社は営利活動により利益を得ることを最も重要な目的の一つとし，負債は負債コストの負担や返済義務を負いますが，一方，純資産は自己資本コストの負担があるものの，業績が厳しい時には配当支払いや返済義務が猶予されるので，会社は出来るだけ最適な負債と純資産のバランス(6)を進める立場であると考えて良いと思います。

---

(6)　負債を純資産で除した負債比率が増加すると倒産リスクが高まるが，同時に節税効果が会社の利益に寄与するので，これら負債と純資産の均衡点が存在する（片岡方和（2007）『新しい会計像』P.100）。

(7)　各々の立場のまとめ

　前述，ステークホルダーと会社の６者が，貸借対照表（B／S）や損益計算書（P／L）を構成する要素（会計要素）について，○（うれしい＝多いほど良い），△（少しいや＝ある程度必要，できれば少ない方が良い），×（いや＝少ないほど良い）という"気持ち"で表現してまとめると次のようになります。

B／Sと P／L	貸借対照表B／S（モノ）			損益計算書P／L（コト）	
会計要素 ステークホルダー	資　産 (＊1)	負　債 (＊1)	純資産 (＊1)	収　益 (＊2)	費　用 (＊2)
株　　主	○	○	△	○	×
経営者	○	×	△	○	×
債権者	○	△	○	○	△
従業員	○	×	○	○	△
消費者	○	△	○	△	△
会　　社	○	△	△	○	×

（＊1）　資産の額は負債と純資産の合計額に一致するので，本来，資産を増やしたいのであればそれに応じて負債と純資産の合計額は同じように増加させなければならないことになる。ただし，上記の○，△，×は気持ちを表しているので，資産が○の場合でも負債が○，純資産も○ということにはならない。

（＊2）　収益と費用の差額が利益である。会社の目的の一つは利益を大きくすることであるが，それは収益を大きく費用を小さくすることに重複しているので，利益についてはここでは記載しない。

この表に記載のとおり，会社の立場ないし気持ちは次のとおりと考えます。ただし，資産，負債や純資産の"モノ"は貸借対照表（B／S）に，収益，費用の"コト"は損益計算書（P／L）に，各々記載される会計要素を意味します。

---

① 資産やその増加はうれしいモノ

② 負債・純資産の増加はいやなモノ

③ 収益の実現はうれしいコト

④ 費用の発生はいやなコト

⑤ 損益計算書（P／L）に表示される利益は③および④のコトの結果として，うれしいコトがいやなコトを越えている場合であり，損失はその逆

⑥ ⑤の利益・損失は貸借対照表（B／S）の純資産に加算・減算されるが，純資産を増やす利益はいやなモノ（コトではない），純資産を減らす損失はうれしいモノ

　なお，資産の中でも現金は，原則としていつでも他の資産と交換することができ，かつ負債の決済手段として使えるので最もうれしいモノということになります。一方，工場や建物は資産であり，うれしいモノであることには変わりありませんが，現金を得るにはこの工場で製品を生産し，販売することが必要です。そのためには，ある程度の時間がかかるので，うれしい程度は現金より低いと言えます。

　このように，ここで述べた"モノ"や"コト"のうれしい程度またはいやな程度は，会計要素のうちその項目ごとに異なりますが，このことについては「Ⅱ　簿記は会計の出発点」の章の「9　会社のモノやコトについて，うれしい程度またはいやな程度」（133頁）にて説明します。

③ モノとコト

　21世紀になり，日本政府は観光立国の実現を目指す方針を定めました。日本を訪れる外国人旅行者の目標数を年間1,000万人とし，日本の魅力を発信するとともに，観光ビザ発給要件の緩和など，さまざまな方策に取り組みました。

　その後の歴史的な円高の解消や格安航空の拡大などもあり，2015年には外国人旅行者数は約2,000万人に達しました。しかし，2019年12月に発生した新型コロナウイルスの感染拡大により，各国の国境が閉鎖され，国外渡航が制限される状態になるなど，日本の観光立国政策にとっては厳しい環境に陥りました。その後，ワクチン接種者数の増加や治療薬の開発などが進み，感染の波を繰り返しながらも徐々にコロナ禍も収束し，日本を訪れる外国人旅行者が再び増加すると期待され，またそのような状況になりつつあります。

　これら旅行者の消費，いわゆるインバウンド消費は当初爆買いなどの表現で「モノ消費」が著しく増加しました。実際，日本製の家電製品，紙オムツ・ミルクなどの乳幼児商品，化粧品などが，その品質の良さから大変な人気でした。その後モノの購入が一巡した後は，日本での体験や思い出などを重視する「コト消費」に変化していきました。モノ消費は，消費者がお金を払って商品を購入・所有し，その範囲内で利用・使用することになります。一方，コト消費は，芸術鑑賞や習い事など，日本文化に触れるサービスやレジャーを通じて，モノを買うことでは得られない行為・行動・体験にお金を使うことになります。

ここで，モノ消費・コト消費に関連させて，会計上の観点からモノやコトについて述べることにします。会計上の"モノ"には，プラスの財産であり換金性のある現金や有価証券などの財産，売掛金や貸付金などの債権や特許・商標などの無形資産，つまり「資産」があります。そのほか，マイナス財産である買掛金・借入金などの「債務（負債）」や，株主から出資された資本金などの「純資産」があります。

　一方，会計上の"コト"には，売る，買う，使うなどの行為や行動が含まれます。具体的には，商品を販売したときの売上高，配当金を受け取る場合の受取配当金，不動産売却に伴う特別利益などの収益を実現する行為があります。また，商品を販売した時の商品原価である売上原価，社員が仕事に従事した際の人件費，出張による宿泊費や交通費，本社ビル利用にあたり消費する水道光熱費などの費用を発生させる行為があります。

　なお，会計上で述べるモノやコトは，前述のモノ消費，コト消費におけるモノ・コトに関連付けて理解・記憶していただければと思います。

 # ４　決　算　書

　すでに簡単にふれましたが，決算書は大まかにいうと，貸借対照表（B／S）と損益計算書（P／L）からなります。その他重要なものに現金の状況を表示するキャッシュフロー計算書などがありますが，本書では省略します。

　貸借対照表（B／S）は，期末（一定時点）に会社が持っている"モノ"，つまり，現金・売掛金などの「資産」や，買掛金・借入金などの

「債務（負債）」，資本金や累積利益などの「純資産（自己資本）」を示し，損益計算書（P／L）は期首から期末までの期中（一定期間）に企業が行った"コト"，つまり売上や配当金の受取りなどの「収益」，仕入れに伴う売上原価，水道光熱費などの経費や支払利息などの「費用」，そしてこれらの差額としての「利益（または損失）」を示します。

　先に述べたとおり，貸借対照表（B／S）において，「資産」は会社による営利活動のために用いられるツールであり，そのツールが多くなればなるほど今後の活動にさらに寄与していくことになります。「負債」は，会社の債権者に対する債務であり，会社が債権者に返さなければならないものや，借金のように元本の返済だけでなく支払利息の発生するものもあります。

　これら資産から負債を差し引いた差額に相当するものを「純資産」といいますが，この純資産は資本金など株主による出資のみならず，累積利益および当期純利益のすべてからなります。法律上，純資産は株主の権利に属する部分となっています。

　また，損益計算書（P／L）において，売上などの「収益」は，営利活動によって顧客に商品やサービスを提供し，その対価を得るための行為や行動をいいます。また，「費用」は，営利目的のため仕入れ先や協力会社などから得られた商品やサービスの提供を受け，それらの対価を支払い，あるいは負担する行為や行動をいいます。収益より費用を差し引いた差額としての当期純利益は，これらの行為や行動によって得られた儲けということになりますが，会社にとってはこの当期純利益をあげることが重要な目的の一つであり，大きければ大きいほど，会社の目的がより多く達成されたことを意味します。

　貸借対照表（B／S）と損益計算書（P／L）の当期純利益は各々同額ですが，損益計算書（P／L）に示される当期純利益は，コトの結果，

つまり収益から費用を差し引いた儲けであり，貸借対照表（B／S）に示される当期純利益は，コトの結果により得られたモノで純資産の一部であり，株主の所有に属することになります。

図1　貸借対照表と損益計算書の関係

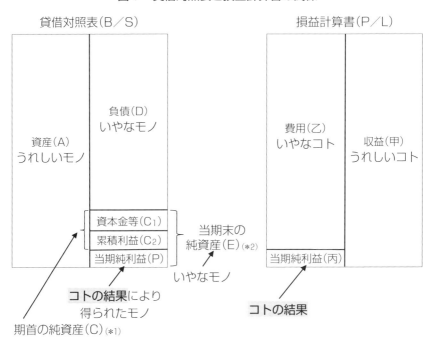

(＊1)　（期首の）純資産（C）＝資本金等（C_1）＋累計利益（C_2）
(＊2)　（当期末の）純資産（E）＝資本金等（C_1）＋累計利益（C_2）＋当期純利益（P）
　　　　　　　　　　　　　　＝期首の純資産（C）＋当期純利益（P）

図1で示された貸借対照表（B／S）では，左側に資産を，右側に負債や純資産をそれぞれ記載します。この左側のことを会計用語で「借方」と言い，右側のことを「貸方」といいます。なお，借方は「かりかた」と読み，「り」が左へ流れるので，左側を意味すると覚えてください。貸方は「かしかた」と読み，「し」が右へ流れるので，右側を意味

すると覚えるようにしましょう。

　また，損益計算書（P／L）では，借方（左側）に費用や当期純利益を，貸方（右側）に収益を記載します。このように記載された資産，負債，純資産，収益，費用および当期純利益は，図1のように借方（左側）や貸方（右側）に位置しますが，その位置する場所は，決め事なので覚えなければなりません。

　なお，貸借対照表（B／S）は，資産がどのような負債や純資産から調達されているかを示すものであり，それゆえ次の等式が成り立つことになります。

　　資産(A) ＝ 負債(D) ＋ (当期末の)純資産(E) ‥‥‥ ①

　また，当期末の純資産は，資本金等，前期までの累積利益および当期純利益の合計ですので，次の等式が成り立ちます。

　　(当期末の)純資産(E) ＝ 資本金等(C_1) ＋ 累積利益(C_2)

　　　　　　　　＋ 当期純利益(P) ‥‥‥ ②

　資本金等(C_1)と累積利益(C_2)の合計額は，期首の純資産（C）を意味するので，同様に次の等式も成り立ちます。

　　(当期末の)純資産(E) ＝ (期首の)純資産(C) ＋ 当期純利益(P) ‥‥‥ ③

　なお，損益計算書（P／L）では，次の等式が成り立ち，当期純利益（丙）が営利活動の結果を意味します。

　　当期純利益(丙) ＝ 収益(甲) － 費用(乙) ‥‥‥ ④

　そして，その結果として損益計算書（P／L）が株主総会で株主に報告され，承認されると，そのうちの当期純利益（丙）は，貸借対照表

（B／S）における当期純利益（P）として確定します。先に述べたように，損益計算書（P／L）での当期純利益（丙）はコトの結果，つまり収益より費用を差し引いた儲けであり，貸借対照表（B／S）での当期純利益（P）は，コトの結果により得られたモノということになります。また，損益計算書（P／L）の収益（甲），費用（乙）および当期純利益（丙）は，当期末の翌日つまり翌期首にはすべて0（ゼロ）となり翌期の取引が始まりますが，貸借対照表（B／S）の純資産に含まれた当期純利益（P）は，翌期首に累積利益の一部を構成することになります。それゆえ，当期純利益（丙）と当期純利益（P）は金額は同じですが，その意味するところは異なります。なお，次節以降は，貸借対照表（B／S）は単に貸借対照表またはB／S，損益計算書（P／L）は単に損益計算書またはP／Lと表記することにします。

5 試 算 表

前節「4　決算書」（12頁）にて述べた算式を改めて示します。

資産（A）＝負債（D）＋（期首の）純資産（C）＋当期純利益（P）……①
収益（甲）－費用（乙）＝当期純利益（丙）……②

すると，当期純利益（P）と当期純利益（丙）は同額ですので，①式および②式をふまえ，次の算式が成り立ちます。

資産（A）－負債（D）－（期首の）純資産（C）＝収益（甲）－費用（乙）……③

この③式は移項して整理すると，次の④式になります。

資産（A）＋費用（乙）＝負債（D）＋（期首の）純資産（C）＋収益（甲）……④

　図1を，図2と図3のように整理し直すと，等式④は図4のように示すことができます。

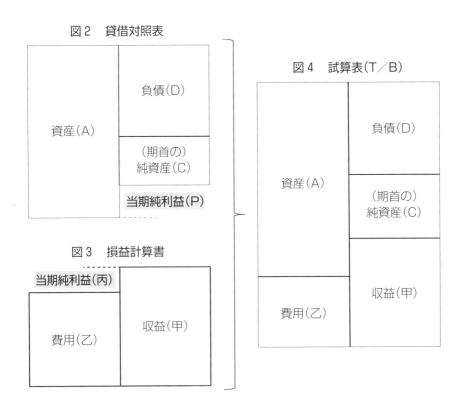

　この図4は試算表[7]と呼ばれ，図2と図3の各当期純利益を除き合算することで一つにした形になっています。

　参考までに，図3の費用を上方にずらし，当期純利益が図の左下に位

―――――――――――――――――――――――――
〔7〕　試算表はTrial Balanceのことであり，T／Bと略すことがある。

置するようにすると，次の図5のように図1で示した損益計算書の形式になります。

図5　損益計算書

仕訳における借方と貸方への記載は，図4の試算表より作成した次の図6を利用すると覚えやすいので，ぜひこの図を暗記してください。

図6を文章で述べると，「試算表の左（借方）は資産と費用，右（貸方）は負債と純資産と収益。資産と負債と純資産はモノ，費用と収益はコト。また，資産はうれしいモノ，負債・純資産はいやなモノ，費用はいやなコト，収益はうれしいコト。」となります。この文章と図6をあわせて暗記してください。

図6　試　算　表

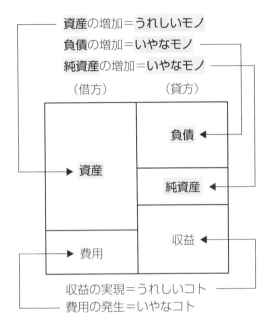

　図6の試算表をしっかり覚え，モノ（資産，負債，資本）とコト（収益，費用）の違いとその位置（借方，貸方）を理解すれば，簿記の基礎ともいえる仕訳が容易にできるようになります。モノとコトの増加は，図6に示す借方や貸方になりますし，これらを文章で示すと次のようになります。

> 資産の増加　＝うれしいモノ　＝借方（左側）記入
> 負債の増加　＝いやなモノ　　＝貸方（右側）記入
> 純資産の増加＝いやなモノ　　＝貸方（右側）記入
> 収益の実現　＝うれしいコト＝貸方（右側）記入
> 費用の発生　＝いやなコト　　＝借方（左側）記入

逆にこれらの減少の場合は，上記で示す借方・貸方が反対で，次のようになります。

資産の減少 ＝うれしいモノのマイナス＝いやなモノ
　　　　　　＝貸方（右側）記入
負債の減少 ＝いやなモノのマイナス＝うれしいモノ
　　　　　　＝借方（左側）記入
純資産の減少＝いやなモノのマイナス＝うれしいモノ
　　　　　　＝借方（左側）記入
収益の減少 ＝うれしいコトのマイナス＝いやなコト
　　　　　　＝借方（左側）記入
費用の減少 ＝いやなコトのマイナス＝うれしいコト
　　　　　　＝貸方（右側）記入

⑥ 会計要素の内容

　決算書を構成する会計要素は，前述のとおり収益，費用，資産，および負債，純資産からなります。

　経営者は会社の営利活動の結果を示す決算書を作成し，株主を中心に多くのステークホルダーに報告します。法人格を持つ会社がその内容について「うれしい」「うれしくない＝いや」と思う気持ちは，「2　会社とステークホルダー」の節で述べたとおりですが，もう少し詳しく説明します。

（1）資　　産

　資産は，会社が行う営利活動のために必要な財産かつツールであり，会社としては多ければ多いほど営利活動に貢献するので，「うれしいモノ」ということになります。

　資産のうち，通常1年以内に現金化されるものや，通常の営利活動を行う上で生じる短期の資産を流動資産といいます。流動資産には，現金，預金，受取手形，売掛金，短期貸付金，株式・社債などの有価証券，商品・製品・原材料などの棚卸資産などがあります。1年以上かけて現金化されるもの，あるいはもともと現金化を目的としていない資産を固定資産といいます。固定資産には，建物，構築物，機械装置，車両運搬具，工具・器具・備品，土地など有形のものと，営業権，特許権，借地権，商標権，コンピュータソフトウエアなど無形のもの，長期保有の有価証券，貸付期間が1年を超える長期貸付金など投資にかかわるものがあります。

　なお，資産をこのように1年を基準に流動資産と固定資産に区分することを1年基準と呼びます。このような区分のほかに営業循環基準というものがあり，この基準によると，先に述べた通り，通常の営利活動を行う上で生じる短期の資産のことを流動資産といいます。例えば，製造業の営利活動では①原材料を仕入れる②仕入代金を払う③製品を生産する④販売する⑤売掛金・受取手形を得る⑥現金化する，そして再びこれら①～⑥の活動を繰り返しますが，この一連の活動の流れを営業循環過程といい，この過程にある資産のことを流動資産といいます。

　図7の試算表のように，資産つまりうれしいモノは借方（左側）に表

示されます。先に述べたとおり資産が借方（左側）に表示されるのは，決め事であり覚えなければなりません。以下，覚える必要がある決め事は，いままで説明した内容と重複しますが，その都度記載します。なお，資産は総資産と言うことがあります。

図7　試　算　表

(2) 負　　　債

　負債とは，会社が債権者に借金（以下，「借入金（かりいれきん）」という）などの債務を返済する義務を負うことであり，現金などで支払いをすることになります。また負債には，借入金の支払利息のように負債コストという負担が生じます。このように負債を持つ会社では，負債が増えれば増えるほど負担が大きくなり，うれしくないモノ，つまり「い

やなモノ」が増えるということになります。

　負債には，期首から1年以内に返済義務のあるものや，通常の営利活動を行う上で生じる短期の負債があり，これらのことを流動負債といいます。つまり，資産と同じく，負債についても，通常1年以内に支払わなければならないものを流動負債とする1年基準によるものや，営業循環過程にあるものを流動負債があります。この流動負債には，取引先との間で生じた支払手形，買掛金，従業員に対する賞与引当金，金融機関からの短期借入金などがあります。

　固定負債は，1年を超えて支払義務があるものや，営業循環過程にないものなどで，長期借入金や従業員に対する将来の退職金（退職給付引当金）などをいいます。

　図8の試算表のように，負債，つまりいやなモノは貸方（右側）に表示されます。負債が貸方（右側）に表示されるのは，決め事であり覚えなければなりません。

図8　試　算　表

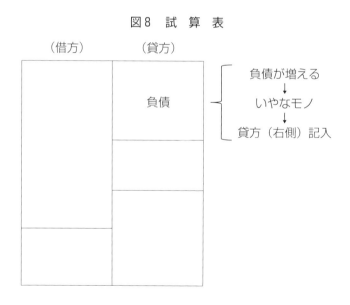

(3) 純 資 産

　純資産は，株主の出資による資本金等と，前期までの累積利益および
当期純利益からなります。これらは株主に帰属し，資本金等を除き一般
的には株主の要求があれば現金による配当の支払いをしなければなりま
せん。この結果，現金などの資産，つまり「うれしいモノ」が減るので，
会社にとっては「いやなモノ」ということになります。純資産は自己資
本ともいいますので，その純資産を持っていることで会社が負担するコ
ストを自己資本コストといいます。自己資本コストは，先に述べた配当
のみを指すのではなく，会社が純資産に相当する財産を使って儲けるだ
ろうと期待される利益相当額のことをいいます。このような自己資本コ
ストを負担しなければならないし，少なくとも一定の儲けを期待されて
いるので，この点からも会社にとって純資産は「いやなモノ」というこ
とになります。実際，会社の業績が順調で資金等に余裕があるときは，
自己株式を買い取ることで，あるいは必要以上にたくさんの配当を支払
うことで，純資産を減らし自己資本コストの負担を少なくすることがあ
ります。前者は自己株式取得の対価として現預金を使用する（支払う）
とともに同じ金額の純資産を減らし，後者は現預金を配当として支払う
とともに同じ金額の純資産を減少させることになります。

　会社が経済的に厳しい環境に直面し，倒産するリスクを心配しなけれ
ばならない場合は，資本金を含む純資産が多ければ多いほど，資産も多
くなるので資金繰りなどで助かります。そのような状況下で株主から配
当を要求されることもありません。また，先に述べたように資本金等は
もともと株主への返済義務はありません。その意味では，返済義務があ

る負債に比べ，純資産はその割合が多いほど倒産リスクが小さくなるう
え，返済義務がないので，純資産が「いやなモノ」であるといっても，
負債よりその程度はまだましな方だと言えます。

　一方，例えば銀行からの借り入れにより工場を建設し，多くの製品を
生産し販売することができる場合には，借り入れの支払利息に相当する
費用は損金として税務計算上の所得を減らすので，税金が安くなるとい
うメリットがあります。純資産に係わる自己資本コストは，支払配当も
含め税法の規定により税金計算上の所得を減らすことにはなりません。
それゆえ，負債と純資産の割合は，会社ごとに異なるものの最適な割合
が存在するということになります。

　図9の試算表において，純資産つまりいやなモノは貸方（右側）に表
示されます。純資産が，貸方（右側）に表示されることは，決め事であ
り覚えなければなりません。

図9　試　算　表

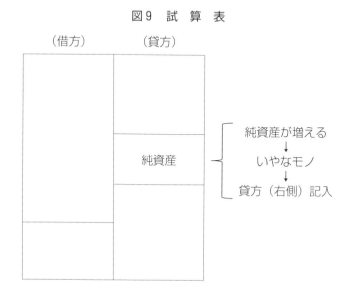

(4) 収　　益

　収益は，会社が商品や製品またはサービスを顧客に提供し，顧客はその見返りに対価を支払うことにより実現します。通常は，会社が商品等を顧客に引渡したときに，売上高という収益が計上されることになります。会社の目的である利益を稼ぐのに，売上高など収益は多ければ多いほど良いので，収益の実現は「うれしいコト」ということになります。別の言い方をすれば，仕事をした結果，収益が実現すると，通常，現金や売掛金などの資産（うれしいモノ）が増えたり，借入金と相殺するなどして負債（いやなモノ）が減ることになります。この点からも，収益が実現するのは「うれしいコト」ということになります。

　収益（うれしいコト）は，資産（うれしいモノ）とは反対で，図10の試算表の貸方（右側）に表示されます。収益が貸方（右側）に表示されることは，決め事であり覚えなければなりません。

図10　試　算　表

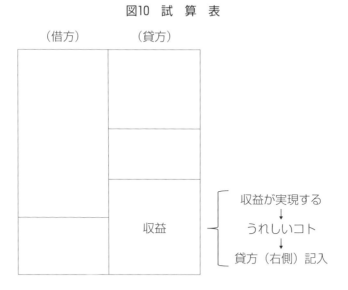

(5) 費　　　用

　費用とは，収益を得るために要した商品原価や経費などのことをいいます。会社の目的である利益は，費用が増えれば増えるほど減るので，費用そのものの発生は「いやなコト」ということになります。別の言い方をすれば，営利活動を行うことで費用が発生すると，通常，現金などの資産（うれしいモノ）が減少し，あるいは買掛金などの負債（いやなモノ）が増えるので，会社にとって「いやなコト」ということになります。

　費用（いやなコト）は，負債・純資産（いやなモノ）とは反対で，図11の試算表の借方（左側）に表示されます。費用が借方（左側）に表示

されるのは，決め事であり覚えなければなりません。

図11 試 算 表

さて，会社の営利活動で費用が発生し，収益が実現することで，会社はその目的である当期純利益をあげることになります。会社にとって当期純利益は多ければ多いほど望ましいことです。当期純利益を稼ぐことは，現金や売掛金など資産が増えたり，借入金の返済など負債が減少しますし，配当の支払や株価の上昇など株主への貢献が期待できます。これらは株主にとって望ましいことですし，株主から経営を任されている経営者や一緒に働く従業員にとっても，同様に望ましいことと言えます。

当期純利益は，その金額にもよりますが一定の金額以上である場合，会社の目的が達成され，ステークホルダーの期待に応えたということになります。

結局，当期純利益は１年間の経営者や従業員の努力とその成果との差額であり，その他の情報とともに，損益計算書と貸借対照表に表示され，

株主総会で株主に報告されます。この報告を受けた株主は，期中に得られた利益が株主の期待する利益，つまり自己資本コストを越えていれば経営者にポジティブな評価をすることになり，一方，利益が自己資本コスト以下であるなど，さらに利益でなく損失を計上することになればなおのこと，ネガティブな評価をすることになります。

　その結果，株主は経営者に経営を委任し続けるか否かを判断し，あるいは株式を保有し続けることで株主の地位を維持するか，その株式を売却してその地位を離れるかを決めることになります。

　なお，経営者が一定の利益の計上を株主総会で報告し，株主に承認されると，図12のとおり当期純利益は過去（前期）のものとなり，逆にこの当期純利益に相当する金額の純資産が増えた分，今後はこれまでの自己資本コスト以上の利益の獲得が期待されるということになります。

　言い換えれば，株主総会で報告される損益計算書上の当期純利益は望ましい結果となり，貸借対照表上はそれと同額の当期純利益が純資産を構成することを意味し，いずれも株主の評価対象ということになります。ただし，その評価の後，つまり翌期首からは，損益計算書の費用，収益および利益は0（ゼロ）から再出発しますが，貸借対照表上の当期純利益は，株主帰属の純資産に含まれ「いやなモノ」として積み重ねられていきます。

図12 当期純利益と純資産の関係

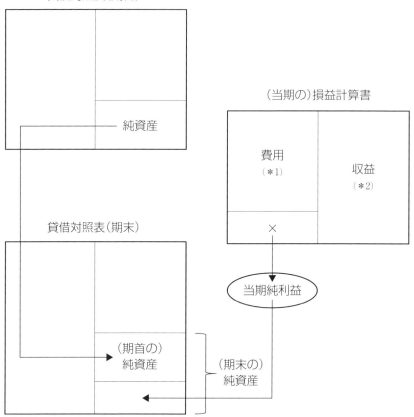

（＊1） 収益は商品やサービスを提供することにより，代金または代金に相当する債権が得られたときに収益とすることを実現主義という。
（＊2） 商品を顧客に引き渡したり，取引先からサービスの提供を受けたときに費用とすることを発生主義という。

7　会計要素のまとめ

　会計要素について，もう一度まとめると次のようになります。図13の試算表において，その説明のための文章は「**左は資産と費用，右は負債と純資産と収益。資産と負債と純資産はモノ，費用と収益はコト。資産はうれしいモノ，負債・純資産はいやなモノ，費用はいやなコト，収益はうれしいコト。**」となります。これは覚えるための文章ですから，図13の試算表と比べながら暗記してください。

図13　試　算　表

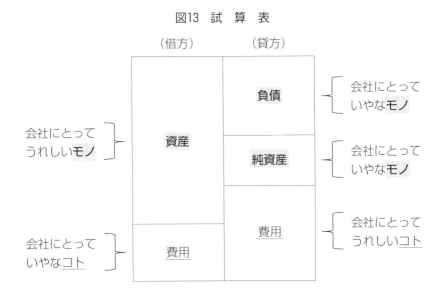

　なお，「うれしい」とか「いや」という気持ちについてさらに理解を深めるため，会計要素について代表的な例をあげてみていきましょう。

例えば現金は資産ですが，これはうれしいモノです。借金は負債であ
りいやなモノ，そして資本金は株主に属し株主総会で決まれば配当金の
支払いが必要になりいやなモノと言えるでしょう。一方，会社としては
収益である売上が増えることはうれしいコトであり，費用としての家賃
を支払うことになればいやなコトになります。

　改めて会計要素の説明をすると，資産は，現金，売掛金や工場などの
財産で，経営者の行う営利活動のためのツールなので，会社に属するモ
ノであり，会社にとって「うれしいモノ」ということになります。試算
表では，借方（左側）に記載されます。

　負債とは，買掛金，未払金や借入金のような債務で，債権者に属しま
す。負債は現金で返済しなければならず，営利活動のツールである資産
を減少させ，あるいは支払利息のように費用発生の原因となるので，会
社にとって「いやなモノ」ということになります。試算表では，貸方
（右側）に記載されます。

　純資産とは，資本金や累積された利益等であり株主に属します。この
純資産は会社にとってはある程度必要ですが，支払配当を含む自己資本
コストの負担があるので少ないほうが良く，負債ほどではないとしても
「いやなモノ」ということになります。試算表では，負債と同じく貸方
（右側）に記載されます。

　次に，会社の目的である利益は，売上高などの収益が実現すればする
ほど増加します。つまり，収益は会社にとって「うれしいコト」という
ことになります。試算表では，貸方（右側）に記入されます。

　一方，売上原価や経費などの費用は発生すればするほど利益が減少し
ます。つまり，会社にとって「いやなコト」ということになります。試
算表では，借方（左側）に記入されます。

問題①

次の試算表のA，B，Cに正しい会計要素を記入して下さい。

試 算 表

（借方）　　　　　（貸方）

	(B)
(A)	(C)
費用	収益

解 答

Aは資産，Bは負債，Cは純資産

問題②

次の試算表のDとEに正しい会計要素を記入して下さい。

試 算 表

（借方）　　　　　（貸方）

	負債
資産	純資産
(D)	(E)

解 答

Dは費用，Eは収益

問題③

次の試算表の資産，負債，純資産，費用および収益は，それぞれ
モノでしょうか，コトでしょうか？

試　算　表

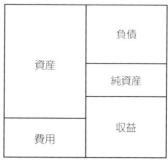

（借方）　　　　（貸方）

解　答

資産はモノ，負債はモノ，純資産はモノ，費用はコト，収益はコト

問題④

次の試算表で資産，負債，純資産はそれぞれうれしいモノでしょ
うか，いやなモノでしょうか？

試　算　表

（借方）　　　　（貸方）

解　答

資産はうれしいモノ，負債はいやなモノ，純資産もいやなモノ

問題⑤

次の試算表で費用，収益はうれしいコトでしょうか，いやなコトでしょうか？

試　算　表

（借方）　　　　　　　　（貸方）

費用	収益

解答

費用はいやなコト，収益はうれしいコト

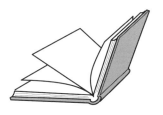

Ⅰ　Ⅱ　Ⅲ　Ⅳ

簿記は会計の出発点

Ⅰ　会社はビジネスパーソンの集団で営利を目的とする継続企業

Ⅱ　簿記は会計の出発点

Ⅲ　会計の道しるべは適正な期間損益

Ⅳ　グループ会社はひとつの会社

営利活動における"モノ"や"コト"の変化と仕訳

　これまで，モノやコトの変化に対し，会社がどのような考えであるか，どのような気持ちになるかについて，述べてきました。

　会社が営利活動を進めるなかで行われる取引は，二つの会計要素を会計伝票や帳簿に記入しますが，このような帳簿の作成を複式簿記と呼んでいます。この会計要素とは，前章で述べたとおり，資産，負債，純資産および収益，費用のことですが，会計伝票の借方（左側）と貸方（右側）にこれらの会計要素と金額を記載し，仕訳帳という帳簿に書き記すことを「仕訳」といいます。なお，仕訳の結果を踏まえて，後で述べる一連の手続きにより，当期純利益は収益より費用を差し引くこと，または当期末の純資産より期首の純資産を差し引くことで計算されます。

　まず，借方（左側）と貸方（右側）への仕訳について説明していきます。今後，借方（左側）は「借方」，貸方（右側）は「貸方」とそれぞれ表示することにします。また，本書では，取引や仕訳にあたり消費税については考慮しないことにします。

（1）　資産の増加

　現金などの資産が増えることは，会社にとってうれしいモノであり，試算表の借方に記入します。

図14 試 算 表

「うれしいモノは借方に記入」ということは，決め事なので覚えなければなりません。取引を帳簿に記入する際，まず取引の内容を会計伝票に記入したうえで，これをもとに仕訳帳に書き記す「仕訳」を行います。会計は複式簿記なので，取引を示す会計要素は借方と貸方に記入されます。現金という資産の増加を示す仕訳では，借方に現金およびその金額が記入され，貸方に取引の内容に応じた会計要素および同額の金額が記入されることになります。

　この例では，次のような仕訳となります。

　　　　　　　　　　（借方）　　　　　　　　　　　　　　　（貸方）
現　　　　　金　　×××（円）　／　　　　　　　　　　×××（円）

　例えば，売掛金の回収つまり減少で，現金が増えるのであれば，「　　　　」には「売掛金」（うれしいモノのマイナス＝いやなモノ＝貸方）と入れることになり，次のような仕訳になります。

```
            （借方）                      （貸方）
現      金    ×××（円）   ／   売  掛  金    ×××（円）
```

また，商品の販売であれば，「　　　　」は「売上高（うれしいコト＝
貸方）となり，次のような仕訳になります。

```
            （借方）                      （貸方）
現      金    ×××（円）   ／   売  上  高    ×××（円）
```

(2)　資産の減少

資産が減る場合は，前項「(1)　資産の増加」に記載の内容と逆になり
ます。つまり，現金が減ることは，会社にとって「うれしいモノのマイ

図15　試　算　表

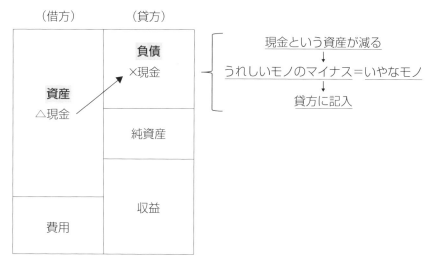

ナス」であり，「いやなモノ」を意味するので，試算表の貸方に記入することになります。

「いやなモノは，貸方に記入」ということは，決め事なので覚えなければなりません。現金が減る場合の仕訳は次のようになります。

（借方）   （貸方）

                              ×××（円）　/　現　　　　金　　×××（円）

ここで，現金が減った理由が交通費の支払いであれば，「[＿＿＿]」には「交通費」（いやなコト＝借方）と入れることになり，次のような仕訳になります。

（借方）   （貸方）

交　通　費　　×××（円）　/　現　　　　金　　×××（円）

また，借入金を返済することで現金が減少するのであれば，「[＿＿＿]」には「借入金」（いやなモノのマイナス＝うれしいモノ＝借方）と入れることになり，次のような仕訳になります。

（借方）   （貸方）

借　入　金　　×××（円）　/　現　　　　金　　×××（円）

（3）　負債の増加

借入金などの負債が増えることは，会社にとっていやなモノなので試算表の貸方に記入します。

図16　試　算　表

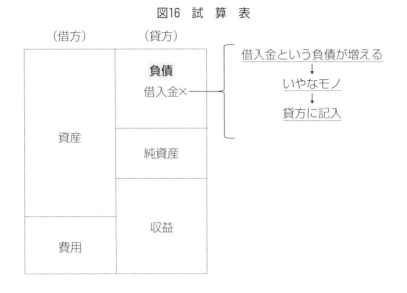

「いやなモノは貸方に記入」ということは，決め事なので覚えなければなりません。借入金が増える場合の仕訳は，次のようになります。

　　　　　　　　　（借方）　　　　　　　　　　　　　（貸方）
　□□□□□□　×××（円）　／　借　　入　　金　　×××（円）

　ここで，借入金の増えた理由が，銀行借り入れによる預金の増加であれば，「□□□□」には「預金」（うれしいモノ＝借方）と入れることになり，次のような仕訳になります。

　　　　　　　　　（借方）　　　　　　　　　　　　　（貸方）
預　　　　　金　×××（円）　／　借　　入　　金　　×××（円）

（4）　負債の減少

　負債が減る場合は，前項「（3）　負債の増加」に記載の内容と逆になります。例えば，借入金が減ることは会社にとって「いやなモノのマイナス」であり，「うれしいモノ」となるので，試算表の借方に記入することになります。

図17　試　算　表

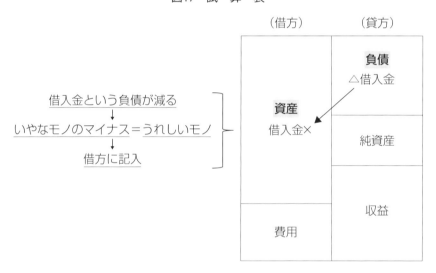

　「うれしいモノは借方に記入」ということは，決め事なので覚えなければなりません。借入金が減る場合の仕訳は，次のようになります。

	（借方）		（貸方）	
借　入　金	×××（円）	／	_____	×××（円）

　ここで，借入金の減った理由が，預金を引き出して（減少）借入金を返済するのであれば，「□□□□」には「預金」（うれしいモノのマイナス＝いやなモノ＝貸方）と入れることになり，次のような仕訳になります。

（借方）　　　　　　　　　　　　（貸方）

借　入　金　　×××（円）　／　預　　　金　　×××（円）

（5）　純資産の増加

　株主総会で増資が決議され，資本金が増えることは会社にとって「いやなモノ」となり，試算表の貸方に記入します。

図18　試　算　表

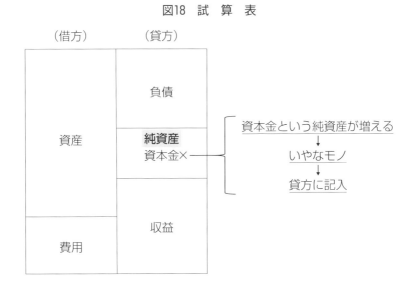

　「いやなモノは貸方に記入」ということは，決め事なので覚えなけれ

ばなりません。資本金が増える場合の仕訳は，次のようになります。

（借方）　　　　　　　　　　　（貸方）

|　　　　　　　　　| ×××（円）　／　資　本　金　　×××（円）

　ここで，資本金の増えるのが，増資による預金の増加ということであれば，「　　　　」には「預金」（うれしいモノ＝借方）と入れることになり，次のような仕訳になります。

（借方）　　　　　　　　　　　（貸方）

預　　　　金　　×××（円）　／　資　本　金　　×××（円）

(6)　純資産の減少

　資本金が減る場合は，前項「(5)　純資産の増加」に記載の内容と逆になります。つまり，資本金が減ることは，会社にとって「いやなモノのマイナス」であり，「うれしいモノ」となるので，試算表の借方に記入することになります。

　「うれしいモノは借方（左側）に記入」ということは，決め事なので覚えなければなりません。資本金が減る場合の仕訳は，次のようになります。

（借方）　　　　　　　　　　　（貸方）

資　本　金　　×××（円）　／　|　　　　　　　　| ×××（円）

図19　試　算　表

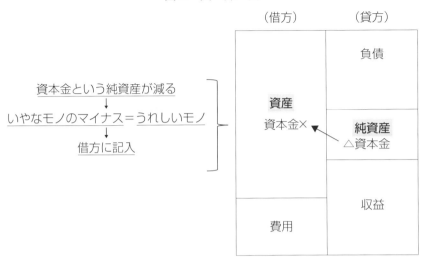

ここで，減資のため預金から株主へ支払い（減少）をするのであれば，「▢」には「預金」（うれしいモノのマイナス＝いやなモノ）と入れることになり，貸方に記入するので次のような仕訳になります。

```
      （借方）                （貸方）
資　本　金　×××（円）　／　預　　　金　×××（円）
```

（7）　収益の実現

売上が実現することは，会社にとってうれしいコトなので，試算表の貸方に記入します。

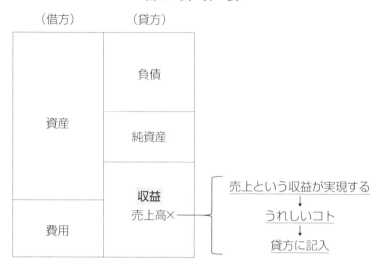

図20 試 算 表

「うれしいコトは（うれしいモノと異なり）貸方に記入」ということは，決め事ですので覚えなければなりません。売上が実現する場合の仕訳は，次のようになります。

<pre>
         （借方）   （貸方）
┌──────┐ ×××（円） ／ 売 上 高   ×××（円）
└──────┘
</pre>

ここで，取引先に掛けで販売した場合は売掛金の増加なので，「＿＿＿＿」には「売掛金」（うれしいモノ＝借方）と入れることになり，次のような仕訳になります。

<pre>
         （借方）   （貸方）
売 掛 金   ×××（円） ／ 売 上 高   ×××（円）
</pre>

(8)　収益の減少

　収益が減る場合は，前項「(7)　収益の実現」に記載の内容と逆になります。例えば，返品により売上が減ることは「うれしいコトのマイナス」なので，「いやなコト」であり，試算表の借方に記入することになります。

図21　試　算　表

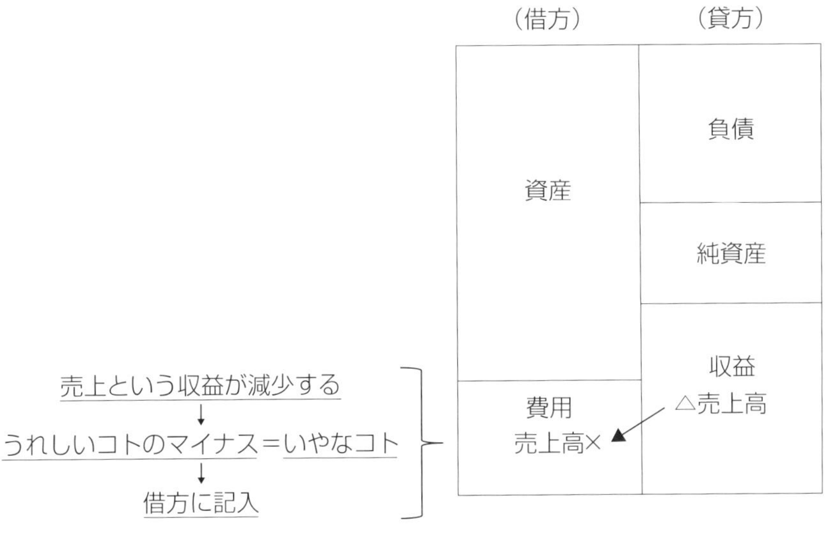

（借方）　　　　　（貸方）

	負債
資産	純資産
費用 売上高×	収益 △売上高

売上という収益が減少する
↓
うれしいコトのマイナス＝いやなコト
↓
借方に記入

　「いやなコトは（いやなモノと異なり）借方に記入」ということは，決め事なので覚えなければなりません。売上が減る場合の仕訳は，次のようになります。

```
           （借方）                          （貸方）
売　上　高　　×××（円）　／　□□□□□□　　×××（円）
```

　ここで，売上の減った理由が，設例のように返品による売掛金の減少というのであれば，「□□□□」には「売掛金」（うれしいモノのマイナス＝いやなモノ）と入れることになり，貸方に記入するので次のような仕訳になります。

```
           （借方）                          （貸方）
売　上　高　　×××（円）　／　売　掛　金　　×××（円）
```

（9）費用の発生

　人件費が発生することは，会社にとっていやなコトなので，試算表の借方に記入します。

　「いやなコトは（いやなモノと異なり）借方に記入」ということは，決め事なので覚えなければなりません。人件費が発生する場合の仕訳は次のようになります。

```
           （借方）                          （貸方）
人　件　費　　×××（円）　／　□□□□□□　　×××（円）
```

図22　試　算　表

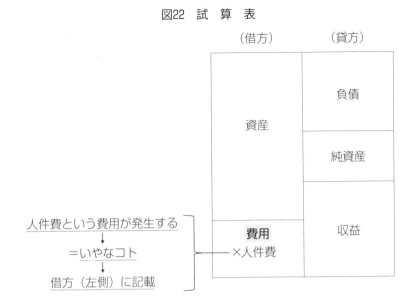

ここで，人件費である給与を，預金口座から振り込み（預金の減少）で支払いをした場合，「￣￣￣」には預金（うれしいモノのマイナス＝いやなモノ）と入れることになり，貸方に記入するので次のような仕訳になります。

　　　　　（借方）　　　　　　　　　　　　　（貸方）
人　件　費　　×××（円）　／　預　　　金　　×××（円）

(10)　費用の減少

費用が減る場合は，前項「(9)　費用の発生」に記載の内容と逆になります。例えば，取引先で働いている社員の人件費の一部が取引先より補

填される場合,「いやなコトのマイナス」なので,「うれしいコト」であり,試算表の貸方に記入することになります。

図23 試 算 表

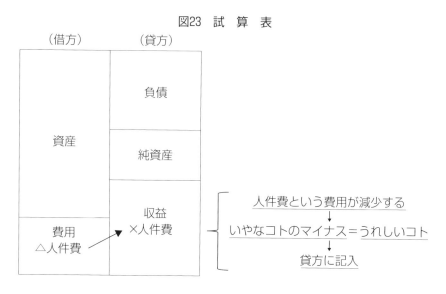

「うれしいコトは(うれしいモノと異なり)貸方に記入」ということは,決め事なので覚えなければなりません。人件費が減る場合の仕訳は次のようになります。

```
        (借方)                        (貸方)
[        ]   ×××(円)  /  人  件  費   ×××(円)
```

　ここで,人件費の減ることが,設例のように取引先より補填され,会社の預金口座に振り込まれた(預金が増加)場合,「[　　]」は預金(うれしいモノ)となり,借方に記入するので次のような仕訳になります。

```
        (借方)                        (貸方)
預      金   ×××(円)  /  人  件  費   ×××(円)
```

⑾　仕訳における借方・貸方のまとめ

　以上のとおり，仕訳では取引を借方と貸方にそれぞれ記入しますが，これらをまとめると次のようになります。繰り返し記載していますが，試算表の中身とともに記憶してください。

試算表のうち，貸借対照表項目について

①　資産の増加＝うれしいモノ⇒借方　…　図24参照
②　負債の増加＝いやなモノ　⇒貸方　…　図24参照
③　純資産の増加＝いやなモノ⇒貸方　…　図24参照

図24　試　算　表

（借方）　　　　　（貸方）

資産 （うれしいモノ） 費用	負債 （いやなモノ）
	純資産 （いやなモノ）
	収益

試算表のうち，損益計算書項目について

④　収益の実現＝うれしいコト⇒貸方　…　図25参照

⑤　費用の発生＝いやなコト　⇒借方　…　図25参照

図25　試　算　表

（借方）　　　　　　（貸方）

資産	負債
	純資産
費用 （いやなコト）	**収益** （うれしいコト）

　上記の①～⑤を覚えると，資産，負債，純資産，収益，費用の減少は，「5　試算表」（16頁）で述べたように以下の⑥～⑩のとおりになります。

⑥　資産の減少　＝うれしいモノのマイナス＝いやなモノ　⇒貸方

⑦　負債の減少　＝いやなモノのマイナス　＝うれしいモノ⇒借方

⑧　純資産の減少＝いやなモノのマイナス　＝うれしいモノ⇒借方

⑨　収益の減少　＝うれしいコトのマイナス＝いやなコト　⇒借方

⑩　費用の減少　＝いやなコトのマイナス　＝うれしいコト⇒貸方

❷　営利活動における取引の種類と仕訳

　営利活動のうち，会社の行う取引（および訂正）は，会計上の帳簿に記入されて初めて，貸借対照表や損益計算書などの決算書に反映されます。

　ただし，取引の中には，会計上の取引とは認識せず，帳簿に記入されない取引があります。例えば，不動産を買う場合は，頭金を支払ったときに契約の効力が生ずるとすると，会社の行う取引であるものの，頭金を支払うまでは帳簿には記入されません。また，ホテルに宿泊の予約をした場合でも，宿泊費は計上されませんが，仮に，予約と同時に会社が宿泊費を支払った場合，宿泊費という費用ではなく前払金という資産を計上することになります。宿泊費は実際ホテルに泊まった場合に発生します。

　帳簿に記入される取引には，収益が実現する取引，費用が発生する取引，資産や負債や純資産のようなモノ同士の交換に関わる取引があり，これらを各々①成果取引，②努力取引，③交換取引と言うことにします。これらの他に，仕訳の誤りを訂正することがあり，このことを④訂正取引と言うことにします。

（1）成　果　取　引

　成果取引とは，会社の行う営利活動のうち，収益を得るための取引で

す。例えば、商品を800千円で販売し（売上高の実現）、代金800千円が会社の預金口座に振り込まれたような場合（預金の増加）があります。この場合、次の図26のように売上高という収益の実現は「うれしいコト」なので貸方へ、また預金の増加は「うれしいモノ」なので借方へ記入されることになります（仕訳は千円単位とし、以下同様とします）。

収益は商品やサービスを提供することにより代金または代金に相当する債権が得られたときに計上されますが、この考え方を実現主義といいます。

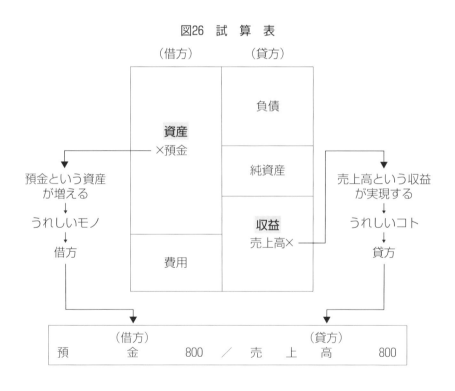

図26　試　算　表

なお、この商品の一部（代金300千円）が、売れ行き不振のため取引先から会社に返品する旨（売上高の減少）連絡があったので、会社は同

額を預金口座から振り込みにて取引先に返金（預金の減少）した場合は，次の図27のように売上高という収益の減少は「うれしいコトのマイナス，つまりいやなコト」なので借方へ，また返金による預金の減少は「うれしいモノのマイナス，つまりいやなモノ」なので貸方へそれぞれ記入することになります。

図27 試 算 表

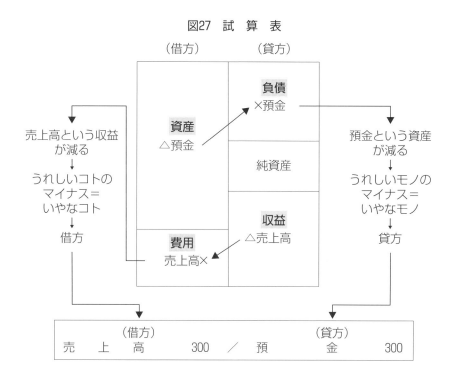

結局，成果活動では，資産と収益，負債と収益のように，収益に係わる取引の仕訳になります。

次の取引につき仕訳を行いなさい。

① 取引先に商品35,000円を販売し，代金を掛けとした。

② 顧客に商品1,500円を販売し，現金を受け取った。

③ 所有株式に対する配当金3,000円が普通預金に振り込まれた。

④ 取引先に対する長期貸付金につき，利息30,000円が普通預金に振り込まれた。

解 答

	（借方）			（貸方）	
①	売 掛 金	35,000	／	売 上 高	35,000
②	現 金	1,500	／	売 上 高	1,500
③	普 通 預 金	3,000	／	受 取 配 当 金	3,000
④	普 通 預 金	30,000	／	受 取 利 息	30,000

(2) 努力取引

　努力取引とは，会社の行う営利活動のうち費用が発生する取引です。
例えば，広告を雑誌に掲載し，広告費150千円（広告費の発生）を現金
で支払った（現金の減少）とします。この場合，次の図28のように広告
費という費用の発生は「いやなコト」なので借方へ，また現金の支払い
（減少）は「うれしいモノのマイナス，つまりいやなモノ」なので貸方
へ記入します。

　なお，費用は商品を引き渡したときやサービスの提供を受けたときに
計上されますが，この考え方を発生主義といいます。

図28　試　算　表

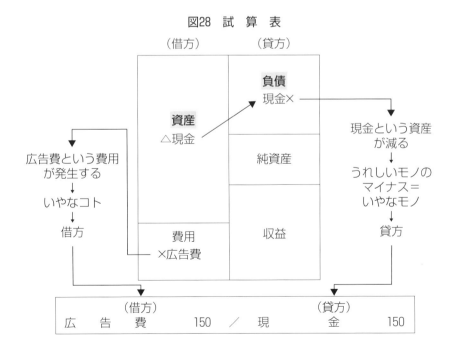

なお，この例で現金の支払いをしないで，翌月末日の支払いとした場合，この仕訳は次のとおり貸方は未払金（負債＝いやなモノ）となります。

```
          (借方)                    (貸方)
広　告　費        150  ／  未　払　金        150
```

　結局，努力取引では，費用と資産，費用と負債のように，費用に係わる仕訳になります。

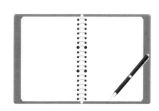

問　題

次の取引につき仕訳を行いなさい。

① 商品10,000円を掛けで仕入れた（この取引は後で述べる交換取引である）。

② 期末に商品棚卸をしたところ，期末在庫は2,000円であった。これは，上記①で仕入れた商品の一部を顧客に販売したからである。期末において売上原価と期末在庫を計上する。

③ 商品の倉庫間移動にあたり，運賃500円が発生したが，翌月に支払う予定である。

④ 期末に銀行から当座預金の残高証明書を発行してもらい，その支払手数料1,000円を普通預金から支払った。

⑤ 従業員に対する給与300,000円のうち，所得税の源泉徴収分20,000円を預かり，差額280,000円を当座預金から従業員の口座に振り込んだ。

⑥ 決算にあたり，売掛金の貸し倒れに備えて150,000円の引き当てをした。

解　答

① 仕　入　高(注)　　10,000　／　買　掛　金　　10,000

（注）　仕入高とは商品仕入高のことである。本来であれば，この仕訳の借方は仕入高に代えて次のように商品とするところである。

商　　　品　　10,000　／　買　掛　金　　10,000

ところで，期中に商品8,000円分を取引先に販売したとすると，期末に商品棚卸による在庫は2,000円となり，期首に在庫がないとすると売上原価は8,000円（＝期中の仕入高10,000円－期末在庫高2,000円）となる。売上原価の計上についての仕訳は，次のようになり商品が借方と貸方に表示され煩雑になる。

売　上　原　価　　8,000　／　商　　　品　　10,000
商　　　品　　2,000　／

これに対し，回答のように仕訳をすれば売上原価は次のような仕訳となり，誤解などによるミスが少なくなると思われる。

売　上　原　価　　8,000　／　仕　入　高　　10,000
商　　　品　　2,000　／

また，回答のような仕訳では当期に仕入れした商品のすべてが仕入高勘定に計上され，仕入高の一覧を把握することができる。

②	売 上 原 価	8,000	/	仕　入　高	10,000
	商　　　品	2,000	/		
③	運　　　賃	500	/	未　払　金	500
④	支 払 手 数 料	1,000	/	普 通 預 金	1,000
⑤	給　　　与	300,000	/	当 座 預 金	280,000
			/	預　り　金	20,000
⑥	貸倒引当金繰入額	150,000	/	貸 倒 引 当 金	150,000

（3）　交　換　取　引

交換取引とは，会社の営利活動のために会社が必要とするモノを獲得し，同時にその代償として相手方が必要とするモノを提供する取引です。営利活動のために資金を確保するなど，財務に係わる取引も含まれます。例えば，投資目的で社債を500千円で購入し（投資有価証券の増加），代金500千円を預金口座から振込みにより支払った（預金の減少）とします。この場合，次の図29のように，増加した投資有価証券はうれしいモノなので借方へ，また減少した預金はうれしいモノのマイナス，つまりいやなモノなので貸方へそれぞれ記入します。

図29　試　算　表

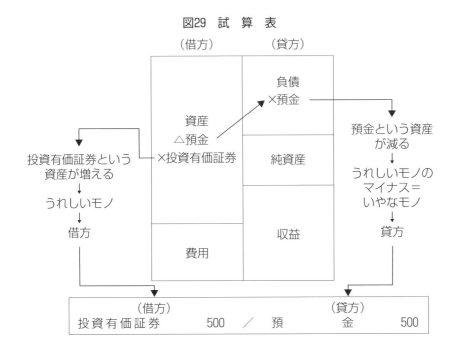

次の取引につき仕訳を行いなさい。

① 新たに機械装置600,000円を購入し，代金は小切手（当座預金）で支払った。

② 取引先から容器製作のための材料480,000円を購入し，約束手形で支払いをした。

③ 取引先より商品100,000円を掛けで仕入れ，他の取引先から受け取っていた約束手形100,000を裏書きして支払いにあてた。

④ 取引先より売掛金150,000円の支払いとして，約束手形を受け取った。

解　答

①	機 械 装 置	600,000	/	当 座 預 金	600,000
②	材　　　　料	480,000	/	支 払 手 形	480,000
③	仕　　入　　高	100,000	/	受 取 手 形	100,000

　取引先から対価として受け取った約束手形は，手形の裏面に会社名などを記載し，仕入先などに引き渡すこと（裏書譲渡）で対価の支払いに充てることができる。ただし，この裏書手形を振り出した取引先が不渡りを起こした場合には，裏書手形で決済した仕入先などに改めて対価の支払いが必要になる。この場合の仕訳には③に示す方法の他，次の方法がある。

　　仕　入　高　　×××　/　裏　書　手　形　　×××

　この仕訳の場合，（約束手形を振り出した）取引先によって無事決済されたときに次の仕訳を行う。

　　裏　書　手　形　　×××　/　受　取　手　形　　×××

　このような仕訳の方法を評価勘定法という。

| ④ | 受 取 手 形 | 150,000 | / | 売　掛　金 | 150,000 |

資金繰りのため必要な資金<u>500千円を銀行より借り入れ</u>（借入金の増加），<u>預金口座に入金</u>（預金の増加）しました。3年後に一括返済する契約の場合，この借入金は長期借入金として表示されます。この場合，次の図30のように，増えた預金は「うれしいモノ」なので借方へ，増えた長期借入金は「いやなモノ」なので貸方へそれぞれ記入します。

図30 試 算 表

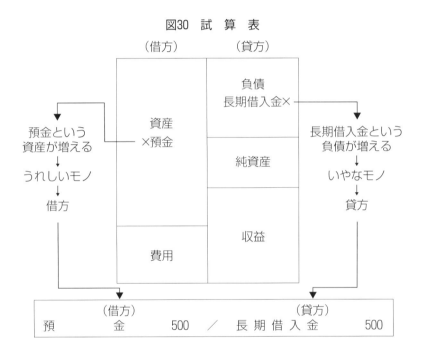

次の取引につき仕訳を行いなさい。

①　支払期限が来たので買掛金100,000円を小切手（当座預金）で取引先に支払った。

②　協力会社の資金繰りのため必要な1,500,000円を3か月期限で貸し付け，当座預金より協力会社の預金口座に振り込みをした。

③　買掛金500,000円の支払期限が来たので，約束手形を振り出し支払いに充てた。

④　3か月の期限が来たので，協力会社より短期貸付金1,500,000円の返済があり，当座預金に振り込まれた。

解　答

①	買　　掛　　金	100,000	/	当　座　預　金	100,000
②	短　期　貸　付　金	1,500,000	/	当　座　預　金	1,500,000
③	買　　掛　　金	500,000	/	支　払　手　形	500,000
④	当　座　預　金	1,500,000	/	短　期　貸　付　金	1,500,000

　もう一例を示すと，資金繰りの必要から増資をすることにし，株主より3,000千円を調達しました。この3,000千円は当座預金に預け入れ（当座預金の増加），そのうちの1,800千円を資本金（資本金の増加）に，残り1,200千円を資本準備金（資本準備金の増加）とします。この場合，次の図31のように，増えた当座預金は「うれしいモノ」なので借方へ，増えた資本金や資本準備金は「いやなモノ」なので貸方へそれぞれ記入します。

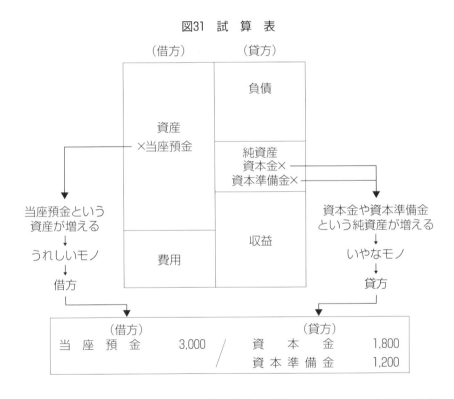

図31　試　算　表

　このように交換取引とは，資産，負債，純資産などのモノと別の資産，負債，純資産などのモノとを交換する取引のことをいいます。

次の取引につき仕訳を行いなさい。

① 資本金は1,000,000円であるが，欠損金が600,000円であったので，欠損金相当額だけ減資した。

② 株主総会で，利益剰余金の一部取り崩しで100,000円の配当をする旨決議され，同日株主に当座預金から振り込みをした。

解 答

①	資 本 金	600,000	/	欠 損 金	600,000
②	利 益 剰 余 金	100,000	/	当 座 預 金	100,000

(4) 訂 正 取 引

　前述の(1)成果取引，(2)努力取引および(3)交換取引の他に，それぞれの仕訳の誤りなどを訂正すること，つまり訂正取引があります。

　例として，社員の交通費の精算で考えてみましょう。ある社員の交通費として，当座預金より2,500円を社員の預金口座に振り込みをしました。この場合は，発生した交通費2,500円（いやなコト）を借方へ，また減少した当座預金2,500円（うれしいモノのマイナス，つまりいやなモノ）を貸方へそれぞれ記入します。

　仕訳は次のようになります。

$$
\begin{bmatrix}
\text{（借方）} & & \text{（貸方）} \\
\text{交　通　費} & 2,500 & \diagup & \text{当　座　預　金} & 2,500
\end{bmatrix} \cdots\cdots 2-1
$$

　翌日，その社員から2,400円しか入金されていなかったとの連絡を受け，調査の結果，振込みが100円不足していることが判明しました。

　この場合，既に行った仕訳を取り消すため反対仕訳を行い（2－2），新たな仕訳として，既に発生している交通費は2,500円（いやなコト）はそのままとし，当座預金からの支払額は2,400円（当座預金の減少，つまりいやなモノ），未払金が100円（未払金の増加，つまりいやなモノ）と訂正します（2－3）。

$$
\begin{bmatrix}
\text{（借方）} & & \text{（貸方）} \\
\text{当　座　預　金} & 2,500 & \diagup & \text{交　通　費} & 2,500
\end{bmatrix} \cdots\cdots 2-2
$$

$$
\left[\begin{array}{lll}
\text{（借方）} & & \text{（貸方）} \\
\text{交　通　費} \quad 2,500 & / & \text{当　座　預　金} \quad 2,400 \\
& & \text{未　払　金} \quad 100
\end{array}\right] \cdots\cdots 2-3
$$

　上記の訂正仕訳とは別の方法による仕訳を行います。既に行われている2－1の仕訳において，実際のところは，交通費2,500円は正しいものの当座預金は2,500円ではなく2,400円の減少だったので，差額の100円は未払いでした。そこで，当座預金100円を戻し（当座預金の増加，つまりうれしいモノ），未払金を100円計上（未払金の増加，つまりいやなモノ）すると，訂正のための仕訳は次のとおりになります。

$$
\left[\begin{array}{lll}
\text{（借方）} & & \text{（貸方）} \\
\text{当　座　預　金} \quad 100 & / & \text{未　払　金} \quad 100
\end{array}\right] \cdots\cdots 2-4
$$

　ここに2－1の仕訳は，2－4の仕訳で修正されるので，これらをまとめると次の仕訳になります。

$$
\left[\begin{array}{lll}
\text{（借方）} & & \text{（貸方）} \\
\text{交　通　費} \quad 2,500 & / & \text{当　座　預　金} \quad 2,400 \\
& & \text{未　払　金} \quad 100
\end{array}\right] \cdots\cdots 2-5
$$

　結局，交通費が2,500円発生し（いやなコト），当座預金2,400円の減少（うれしいモノのマイナス，つまりいやなモノ）と未払金100円（いやなモノ）が計上されました。このように，2－2と2－3が訂正仕訳（訂正取引の仕訳）であり，もう一つの考えでは2－4が訂正仕訳であるので，これらの結果が2－5の仕訳ということになります。なお，後日未払金100円を社員に振り込んだとき未払金が減少（いやなモノのマイナス，つまりうれしいモノ）し，当座預金が減少する（うれしいモノのマイナス，つまりいやなモノ）ので仕訳は次のようになります。

$$
\left[
\begin{array}{lll}
\text{（借方）} & & \text{（貸方）} \\
\text{未　払　金} & 100 \diagup & \text{当　座　預　金} & 100
\end{array}
\right] \cdots\cdots 2-6
$$

 ③ **取引事例による仕訳（複式簿記）**

取引事例をとりあげ，説明とともに仕訳を行います。

（1）取引と仕訳

例①　2xx1年 4 月 1 日（期首），出資者（株主）より会社の預金口座に1,000千円の銀行振込みがあり，資本金としました。

図32　試　算　表

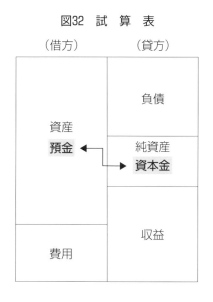

図32の試算表のとおり，預金という資産が増え，同時に資本金という純資産が増えるので，次のような仕訳となります（仕訳は千円単位とし，以下同様とします）。

$$\begin{bmatrix} (借方) & & (貸方) \\ 預　　　　金　　1,000 & / & 資　本　金　　1,000 \end{bmatrix} \cdots 3-1$$

例②　銀行から3年後に全額返済するという約束で500千円を借り，手持現金として金庫に保管した。なお，利息の支払いについては発生しないものとして扱います。

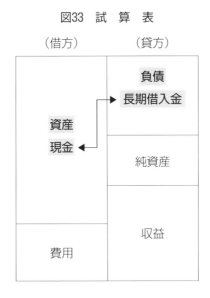

図33　試　算　表

　図33の試算表のとおり，現金という資産が増え，同時に長期借入金という負債が増えるので次のような仕訳となります。

$$
\begin{bmatrix}
\text{（借方）} & & & \text{（貸方）} \\
\text{現　　　　金} & 500 & / & \text{長 期 借 入 金} & 500
\end{bmatrix} \cdots\cdots 3-2
$$

例③　商品1,000個を現金100千円で買った（仕入れた）。

図34　試　算　表

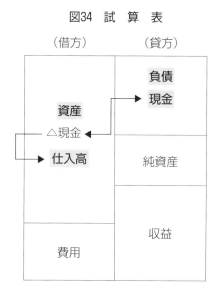

　図34の試算表のとおり，現金という資産が減り，仕入高（商品）という資産が増えるので次のような仕訳となります。

$$
\begin{bmatrix}
\text{（借方）} & & & \text{（貸方）} \\
\text{仕　　入　　高} & 100 & / & \text{現　　　　金} & 100
\end{bmatrix} \cdots\cdots 3-3
$$

例④　電気代30千円を預金の引き落としにより電力会社に支払った。

図35　試　算　表

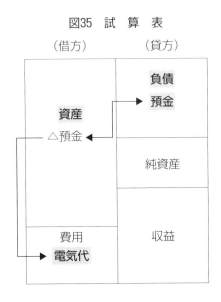

　図35の試算表のとおり，預金という資産が減り，電気代という費用が発生するので，次のような仕訳となります。

$$\left[\begin{array}{ll}\text{（借方）} & \text{（貸方）} \\ \text{電　気　代}\quad 30 \;/\; \text{預　　金}\quad 30\end{array}\right] \cdots\cdots 3-4$$

例⑤　100千円（1個当たり100円）で仕入れていた商品1,000個のうち，600個を現金150千円（1個当たり250円）で販売した。

図36　試　算　表

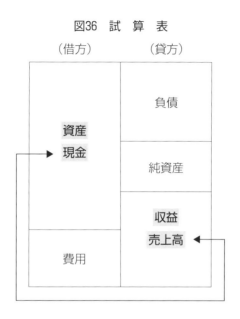

　図36の試算表のとおり，現金という資産が増え，売上高という収益が実現するので，次のような仕訳になります。

$$
\left[
\begin{array}{llll}
\text{（借方）} & & \text{（貸方）} & \\
\text{現　　　　金} & 150 & / \quad \text{売　上　高} & 150
\end{array}
\right] \cdots\cdots 3-5
$$

例⑥　期末（2xx2年3月31日）に棚卸をして，売上原価を確定します。つまり，棚卸による期末在庫が期首在庫と仕入高の合計より少ない分だけ売上原価が発生していることになり，次のように計算されます。

（単位：千円）

⑴　前期より繰り返しの商品在庫	0
⑵　当期仕入高（100円×1,000個）	100
計	100
⑶　次期へ繰り越す商品在庫（100円×400個）	40
⑷　売上原価（在庫の減少分）　　　差引	60

　結局，仕入高のうち商品60千円が顧客に引き渡され，売上原価60千円が発生するとともに，一方で，仕入高のうち40千円が商品期末在庫として残ります。

図37　試　算　表

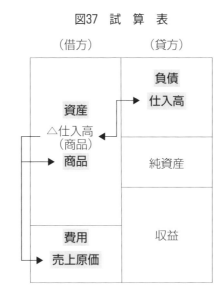

　図37の試算表のとおり，仕入高（商品）という資産が減り，売上原価

という費用が発生すると同時に（期末在庫の）商品という資産が増えるので，次のような仕訳になります。

$$
\left[
\begin{array}{llr@{\qquad}llr}
\text{（借方）} & & & \text{（貸方）} & & \\
売\ 上\ 原\ 価 & & 60 & 仕\ 入\ 高 & & 100 \\
商\qquad 品 & & 40 & & &
\end{array}
\right]\ \cdots\cdots 3-6
$$

例⑦　期末に税金を計算すると，法人税および住民税（法人税等）が6千円でしたが，納税時期が当期末より2か月以内なので未払いのままでした。

図38　試　算　表

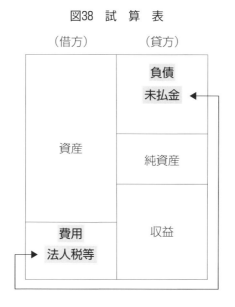

図38の試算表のとおり，未払金という負債が増え，法人税等という費用が発生するので，次のような仕訳になります。

$$\begin{bmatrix} \text{（借方）} & & \text{（貸方）} \\ \text{法 人 税 等} & 6 \;/\; \text{未 払 金} & 6 \end{bmatrix} \cdots\cdots 3-7$$

(2)　仕訳帳への記入

　前項「(1)　取引と仕訳」で示した仕訳を次のように仕訳帳に記帳し，仕訳帳を完成させます。ただし，日付は，2xx1年4月1日～2xx2年3月31日の期間の日付となるところですが，対応関係をわかりやすくするため，取引の行われた番号，例えば最初の取引①であれば次の3－1のように，②であれば3－2のように記帳することにします。

仕訳帳

（日付）	（借方）		（貸方）	
3－1	預　　　　金	1,000 /	資　本　金	1,000
3－2	現　　　　金	500 /	長 期 借 入 金	500
3－3	仕　入　高	100 /	現　　　　金	100
3－4	電　気　代	30 /	預　　　　金	30
3－5	現　　　　金	150 /	売　上　高	150
3－6	売 上 原 価 商　　　品	60 40 /	仕　入　高	100
3－7	法 人 税 等	6 /	未　払　金	6

4　帳簿（総勘定元帳）への記入

　前節「3　取引事例による仕訳（複式簿記）」（71頁）にて述べた取引について，各々の仕訳を仕訳帳に記帳しましたが，この仕訳帳から帳簿への転記について説明します（以下，仕訳や帳簿における単位は千円とします）。

　なお，帳簿は当期純利益を除く会計要素（資産，負債，純資産，収益および費用）の内訳項目である各勘定の集まりであり，これを総勘定元帳といいます。帳簿は次のように綴じられているとします。

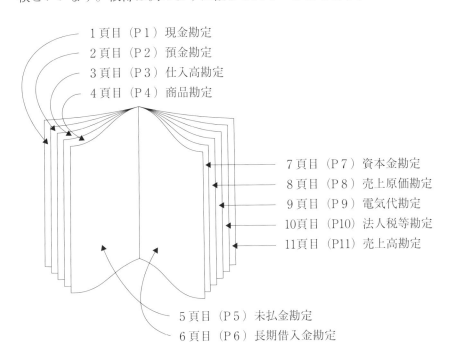

1頁目（P1）現金勘定
2頁目（P2）預金勘定
3頁目（P3）仕入高勘定
4頁目（P4）商品勘定

7頁目（P7）資本金勘定
8頁目（P8）売上原価勘定
9頁目（P9）電気代勘定
10頁目（P10）法人税等勘定
11頁目（P11）売上高勘定

5頁目（P5）未払金勘定
6頁目（P6）長期借入金勘定

なお，帳簿のページ数はわかりやすくするため１ページごとに記載していますが，仕訳帳から帳簿への転記は次のようになります。

①－イ　３－１の仕訳（預金1,000千円の増加と資本金1,000千円の増加）

```
        （借方）              （貸方）
  預      金   1,000  ／  資  本  金   1,000
```

①－ロ　①－イの仕訳から帳簿へ転記（①）（預金はＰ２の預金勘定へ，資本金はＰ７の資本金勘定へ記入）

預金 (＊1)	(P2)		**資本金** (＊2)	(P7)
①資 本 金 **1,000**			①預　　金 **1,000**	
(＊3)			(＊4)	

（＊1）　この帳簿を預金勘定という。
（＊2）　この帳簿を資本金勘定という。
（＊3）　この預金勘定において，預金が1,000千円増加（借方記入）したことを示すとともに，相手勘定は資本金であることを示す。
（＊4）　この資本金勘定において，資本金が1,000千円増加（貸方記入）したことを示すとともに，相手勘定は預金であることを示す。

　なお，「＊３」および「＊４」で説明したように，以降において記載される帳簿でも借方・貸方に金額を記入するとともに，その金額の左側に相手勘定を記入します。

②－イ　３－２の仕訳（現金500千円の増加と長期借入金500千円の増加）

```
        （借方）              （貸方）
  現      金    500  ／  長 期 借 入 金    500
```

②－ロ　②－イの仕訳から帳簿へ転記（②）（現金はＰ１の現金勘定へ，
　　　　長期借入金はＰ６の長期借入金勘定へ記入）

③－イ　３－３の仕訳（仕入高100千円の増加と現金100千円の減少）

$$\left[\quad \begin{array}{c}（借方）\\ 仕　入　高\quad 100\end{array} \Big/ \begin{array}{c}（貸方）\\ 現　　　金\quad 100\end{array}\quad\right]$$

③－ロ　③－イの仕訳から帳簿へ転記（③）（仕入高はＰ３の仕入高勘
　　　　定へ，現金はＰ１の現金勘定へ記入）

④－イ　３－４の仕訳（電気代30千円の発生と預金30千円の減少）

$$\left[\quad \begin{array}{c}（借方）\\ 電　気　代\quad 30\end{array} \Big/ \begin{array}{c}（貸方）\\ 預　　　金\quad 30\end{array}\quad\right]$$

④－ロ　④－イの仕訳から帳簿へ転記（④）（電気代はP9の電気代勘定へ，預金はP2の預金勘定へ記入）

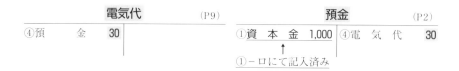

⑤－イ　3－5の仕訳（現金150千円の増加と売上高150千円の実現）

$$
\begin{bmatrix}
& \text{（借方）} & & & & \text{（貸方）} & \\
現 & 金 & 150 & / & 売 & 上 & 高 & 150
\end{bmatrix}
$$

⑤－ロ　⑤－イの仕訳から帳簿へ転記（⑤）（現金はP1の現金勘定へ，売上高はP11の売上高勘定へ記入

⑥－イ　3－6の仕訳（売上原価60千円の発生，商品40千円の増加と仕入高100千円の減少）

$$
\begin{bmatrix}
& \text{（借方）} & & & & \text{（貸方）} & \\
売 \ 上 \ 原 \ 価 & & 60 & / & 仕 \ 入 \ 高 & & 100 \\
商 \quad 品 & & 40 & / & &
\end{bmatrix}
$$

⑥－ロ　⑥－イの仕訳を帳簿へ転記（⑥）（売上原価はP8の売上原価
　　　　勘定へ，商品はP4の商品勘定へ，仕入高はP3の仕入高勘定へ
　　　　それぞれ記入）

売上原価	(P8)
⑥仕　入　高　60	

仕入高		(P3)
③現　　金　100	⑤諸　　　口　**100**	
↑	(＊)	
③－ロにて記入済み		

商品	(P4)
⑥仕　入　高　40	

（＊）　諸口は相手勘定が二つ以上ある場合に用いる。ここでは，売上原価勘定
　　　と商品勘定の二つとなる。

⑦－イ　３－７の仕訳（法人税等６千円の発生と未払金６千円の増加）

$$\begin{bmatrix} （借方） & & （貸方） \\ 法 人 税 等 & 6 / 未 払 金 & 6 \end{bmatrix}$$

⑦－ロ　⑦－イの仕訳を帳簿へ転記（⑦）（法人税等はP10の法人税等
　　　　勘定へ，未払金はP5の未払金勘定へ記入）

法人税等	(P10)
⑦未　払　金　**6**	

未払金	(P5)
	⑦法 人 税 等　**6**

5 期末の総勘定元帳の整理

　前節「4　帳簿（総勘定元帳）への記入」（79頁）にて，仕訳帳から総勘定元帳へ転記しましたが，P／L残高・B／S残高勘定の完成に至るまでの流れをもう少し詳しく説明します。以降，帳簿の P／L 欄または B／S 欄は，各勘定の残高を示しています（各勘定の単位は千円です）。

(1) 総勘定元帳からP／L残高・B／S残高勘定への転記

① 　現金勘定（P1）は次のとおりです。

　借方の記入は650千円（＝500＋150）であるのに対し，貸方記入は100千円なので，現金残高は差額の550千円（＝650－100）となり，これをB／S残高勘定の借方に転記（次の①－イの仕訳）することで現金勘定の帳簿を締め切ることになります。

①－イ　転記のための仕訳は次のとおりです。

$$
\begin{bmatrix}
\text{（借方）} & & \text{（貸方）} \\
\text{B／S　残　高} & 550 & / & \text{現　　　金} & 550
\end{bmatrix}
$$

①－ロ　仕訳から次の「＊1」のとおり帳簿に転記します。

②　預金勘定（P2）は次のとおりです。

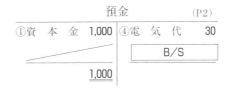

　借方の記入は1,000千円であるのに対し，貸方記入は30千円なので，預金残高は差額の970千円（＝1,000－30）となり，これをB／S残高勘定の借方に転記（次の②－イの仕訳）することで，預金勘定の帳簿を締め切ります。

②－イ　転記のための仕訳は次のとおりです。

$$
\begin{bmatrix}
\text{（借方）} & & \text{（貸方）} \\
\text{B／S　残　高} & 970 & / & \text{預　　　金} & 970
\end{bmatrix}
$$

②-ロ　仕訳から次の「＊2」のとおり帳簿に転記します。

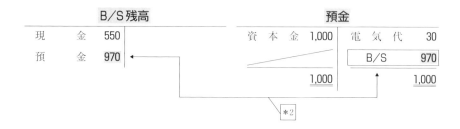

③　仕入高勘定（P3）は次のとおりです。

	仕入高	(P3)	
③現　　　金　100	⑥諸　　　口　100

借方と貸方に差がないのでB／S残高勘定への転記はありません。

④　商品勘定（P4）は次のとおりです。

	商品	(P4)
⑥仕　入　高　40	B／S

借方の記入は40千円，貸方は0なので，商品残高は40千円となり，これをB／S残高勘定の借方に転記（次の④-イの仕訳）することで商品勘定の帳簿を締め切ることになります。

④-イ　転記のための仕訳は次のとおりです。

$$
\begin{array}{l}
\qquad\text{(借方)} \qquad\qquad\qquad\text{(貸方)} \\
\text{B／S　残　高} \qquad 40 \quad／\quad \text{商　　　品} \qquad 40
\end{array}
$$

④-ロ　仕訳から次の「＊3」のとおり帳簿に転記します。

⑤　未払金勘定（P5）は次のとおりです。

　貸方の記入は6千円，借方は0なので，未払金残高は6千円となり，これをB／S残高勘定の貸方に転記（次の⑤-イの仕訳）することで，未払金勘定の帳簿を締め切ることになります。

⑤-イ　転記のための仕訳は次のとおりです。

$$
\begin{array}{l}
\qquad\text{(借方)} \qquad\qquad\qquad\text{(貸方)} \\
\text{未　払　金} \qquad 6 \quad／\quad \text{B／S　残　高} \qquad 6
\end{array}
$$

⑤－ロ　仕訳から次の「＊4」のとおり帳簿に転記します。

⑥　長期借入金勘定（P6）は次のとおりです。

長期借入金　　（P6）

B/S	②現　金	500
		500

　貸方の記入は500千円，借方は0なので，長期借入金残高は500千円となり，これをB／S残高勘定の貸方に転記（次の⑥－イの仕訳）することで，長期借入金勘定の帳簿を締め切ることになります。

⑥－イ　転記のための仕訳は次のとおりです。

```
　　　（借方）　　　　　　　　　（貸方）
長 期 借 入 金　　　500　／　B/S　残　高　　　500
```

⑥－ロ　仕訳から次の「＊5」のとおり帳簿に転記します。

88

⑦　資本金勘定（P7）は次のとおりです。

資本金　　　　（P7）

B/S		②預　　金	1,000
			1,000

　貸方の記入は1,000千円，借方は0なので，資本金残高勘定は1,000千円となり，これをB／S残高勘定の貸方に転記（次の⑦－イの仕訳）することで資本金勘定の帳簿を締め切ることになります。

⑦－イ　転記のための仕訳は次のとおりです。

　　　　　（借方）　　　　　　　　　（貸方）
　資　　本　　金　　1,000　／　B／S　残　　高　　1,000

⑦－ロ　仕訳から次の「＊6」のとおり帳簿に転記します。

資本金

B/S	1,000	預　　金	1,000
	1,000		1,000
		＊6	

B/S残高

現　　金	550	未　払　金	6
預　　金	970	借　入　金	500
商　　品	40	資　本　金	1,000

⑧　売上原価勘定（P8）は次のとおりです。

売上原価　　　　（P8）

⑥仕　入　高	60	P/L	
	60		

　借方の記入は60千円，貸方は0なので，売上原価残高は60千円となり，

これをP／L残高勘定の借方に転記（次の⑧－イの仕訳）することで売上原価勘定の帳簿を締め切ることになります。

⑧－イ　転記のための仕訳は次のとおりです。

$$
\begin{array}{llll}
& (借方) & & (貸方) \\
P／L\ 残\ 高 & 60 & ／\ 売\ 上\ 原\ 価 & 60
\end{array}
$$

⑧－ロ　仕訳から次の「＊7」のとおり帳簿に転記します。

⑨　電気代勘定（P9）は次のとおりです。

　借方の記入は30千円，貸方は0なので，電気代残高は30千円となり，これをP／L残高勘定の借方に転記（次の⑨－イの仕訳）することで電気代勘定の帳簿を締め切ることになります。

⑨－イ　転記のための仕訳は次のとおりです。

$$
\begin{array}{llll}
& (借方) & & (貸方) \\
P／L\ 残\ 高 & 30 & ／\ 電\ 気\ 代 & 30
\end{array}
$$

⑨－ロ 仕訳から次の「＊8」のとおり帳簿に転記します。

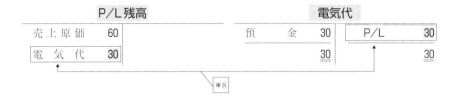

⑩ 法人税等勘定（P10）は次のとおりです。

借方の記入は6千円，貸方は0なので，法人税等残高は6千円となり，これをP／L残高勘定の借方に転記（次の⑩－イの仕訳）することで，法人税等勘定の帳簿を締め切ることになります。

⑩－イ 転記のための仕訳は次のとおりです。

$$\begin{bmatrix} \text{（借方）} & & \text{（貸方）} \\ \text{P／L 残 高} & 6 & ／ & \text{法 人 税 等} & 6 \end{bmatrix}$$

⑩－ロ 仕訳から次の「＊9」のとおり帳簿に転記します。

⑪　売上高勘定（P11）は次のとおりです。

	売上高	(P11)
P/L		⑤現　　金　150
		150

　貸方の記入は150千円，借方は0なので，売上高残高は150千円となり，これをP／L残高勘定の貸方に転記（次の⑪－イの仕訳）することで売上高勘定の帳簿を締め切ることになります。

⑪－イ　転記のための仕訳は次のとおりです。

	（借方）		（貸方）	
売　　上　　高	150	/	P／L　残　高	150

⑪－ロ　仕訳から次の「＊10」のとおり帳簿に転記します。

	売上高			P/L残高		
P/L	150	現　　金　150	売上原価	60	売　上　高	150
	150	150	電　気　代	30		
			法人税等	6		

　以上の結果，P／L残高勘定，B／S残高勘定を含む各勘定に金額が記入されました。これらの勘定をまとめると，次の総勘定元帳とP／L残高・B／S残高勘定のとおりとなります。

総勘定元帳

現金

長期借入金	500	仕　入　高	100
売　上　高	150	B/S	550
	650	*1	650

預金

資　本　金	1,000	電　気　代	30
		B/S	970
	1,000	*2	1,000

仕入高

現　　　金	100	諸　　　口	100
	100		100

商品

仕　入　高	40	B/S	40
	40	*3	40

未払金

B/S	6	法 人 税 等	6
*4	6		6

長期借入金

B/S	500	現　　　金	500
*5	500		500

資本金

B/S	1,000	預　　　金	1,000
*6	1,000		1,000

売上原価

仕　入　高	60	P/L	60
	60	*7	60

電気代

預　　　金	30	P/L	30
	30	*8	30

法人税等

未　払　金	6	P/L	6
	6	*9	6

売上高

P/L	150	現　　　金	150
*10	150		150

P/L残高・B/S残高勘定

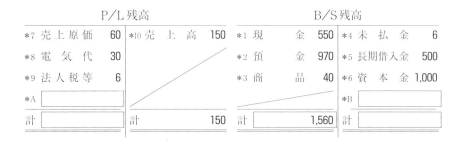

	P/L残高					B/S残高				
*7 売上原価	60	*10 売 上 高	150	*1 現　　　金	550	*4 未 払 金	6
*8 電 気 代	30			*2 預　　　金	970	*5 長期借入金	500
*9 法 人 税 等	6			*3 商　　　品	40	*6 資 本 金	1,000
*A						*B	
計		計	150	計	1,560	計	

(2) P／L残高勘定とB／S残高勘定の締め切り

　前項(1)のP／L残高勘定とB／S残高勘定について，当期純利益を示す＊Aまたは＊Bの〔　　　〕欄に金額を記入して，これらの勘定を完成させます。

　ここにP／L残高勘定の当期純利益を「＊A」とし，B／S残高勘定の当期純利益を「＊B（＝＊A)」とすると，これらは次のように計算されます。

＊A（P／L残高勘定）
　　＝〔貸方合計（収益）150−借方記入（費用）96（＝60＋30＋6)〕＝54

＊B（B／S残高勘定）
　　＝〔借方合計（資産）1,560（＝550＋970＋40）−貸方記入（負債と純資産）1,506（＝6＋500＋1,000）＝54（＝＊A)

　それゆえ，次の図においてP／L残高勘定の当期純利益である「＊A」は54千円です。

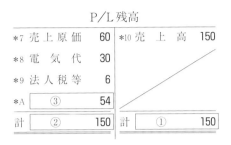

また，B／S残高勘定の「＊B」はP／L残高勘定の「＊A（＝54千円）」を転記します。

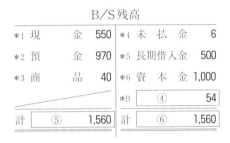

この当期純利益（「＊A」および「＊B」）の計算が正しいことは，B／S残高勘定の借方合計1,560千円（＝550＋970＋40）と貸方合計1,560千円（＝6＋500＋1,000＋54）が一致することにより確認されます。

なお，これら勘定の金額記入の流れは，上記P／L残高勘定およびB／S残高勘定に示される数字の順番で①→②→③→④となり，B／S残高勘定の借方合計は⑤（＝1,560）で，貸方合計は⑥（＝1,560）で各々計算されます。B／S残高勘定では，借方の合計額⑤と貸方の合計額⑥がそれぞれ1,560千円で一致しますが，このことを貸借平均といいます。P／L残高勘定においても同様に，当期純利益はこの金額の計算前の借方合計額と貸方合計額の差額として計算されているので，当然，借方合計額は

150千円，貸方合計額は150千円となり，両者は一致することになります。

 6 貸借対照表と損益計算書の作成

（1）　貸借対照表の作成

　前節「5　期末の総勘定元帳の整理」（84頁）にて作成されたB／S残高勘定（95頁）より貸借対照表を作成すると，次の図39のようになります。

図39　貸借対照表

（2xx2年 3 月31日現在）　　　　　　　単位：千円

（資産）		（負債）	
I　流　動　資　産		I　流　動　資　産	
現　　　　　金	550	未　払　金	6
預　　　　　金	970	II　固　定　負　債	
商　　　　　品	40	長　期　借　入　金	500
		負債の部合計	506
		（純資産）	
		I　資　本　金	1,000
		II　当　期　純　利　益	54
		純資産の部合計	1,054
資産の部合計	1,560	負債・純資産の部合計	1,560

（2） 損益計算書の作成

前節「5 期末の総勘定元帳の整理」（84頁）にて作成されたP／L残
高勘定（95頁）より損益計算書を作成すると，次の図40のようになります。

図40 損益計算書

（2xx1年4月1日～2xx2年3月31日）　　単位：千円

Ⅰ	売上高	150
Ⅱ	売上原価	60
	売上総利益	90
Ⅲ	販売費および一般管理費	30
	営業利益	60
	経常利益	60
	税引前当期利益	60
	法人税等	6
	当期純利益	54

7 　決算書の簡単な分析

会社の状況は，その会社の属する業界での平均的な成長率，平均的な
会社規模を比較対象にしつつ，あるいはベンチマークの対象とする会社

と比較し，成長性，収益性，安全性，生産性を検討することで把握することができます。

　また，売上高に比べて利益が少ない場合には，会社や商品のブランド力が低下しているため売値を下げたり，販売促進費を増加させるなど，どこかに無駄な費用が使われているということも考えられ，あるいは業界が過当競争になりそもそも利益の確保が難しいということもあるでしょう。

　決算書を分析することで，定量的な部分は把握できるようになりますので，経営を進めるには，この数値の意味するところを検討し，会社にとって良い点，悪い点を把握し，その理由は何かを検討しなければなりません。その理由が把握できれば会社の改善につなげることができます。

　現在の状況をさらに良くするためにはどのような戦略・戦術をとるべきか，どのような施策を進めるべきかなど検討し対応することで，環境の変化に応じて会社の在り方を変えることもできるでしょう。

(1)　当期と前期の比較による成長性

①　売上高の前期比

　売上高は営利活動のためにとても重要であり，その他の収益を加え，これらに対応する費用を差し引くことで，最終的な利益が計算されます。同時に，会社の営利活動の規模を端的に示すものですので，前期比が100％より数値が大きいほど売上高からみた会社の規模が拡大・成長していることになります。

　なお，売上高成長率は，当期の売上高が前期の売上高を超えた金額

を前期売上高で除した比率で，「（当期売上高－前期売上高）÷前期売
上高」で計算されます。売上高成長率が10％〜20％であれば会社の成
長としては順調で優良なレベルと言われています。

②　売上総利益の前期比

売上総利益とは，売上高から対応する売上原価を差し引いたものを
いいます。売上総利益は会社の主たる営業活動から得られる収益力を
示し，結果として販売する商品やサービスのブランド価値の高さを示
します。前期比が100％より数値が大きいほど商品やサービスのブラ
ンド価値の向上を意味します。

③　営業利益の前期比

営業利益とは，売上総利益より当期に発生した販売費及び一般管理
費を差し引いたものです。営業利益は会社の本業からの収益力を示し，
前期比が100％から数値が大きいほど，本業からの収益力が高まって
いることを示します。

④　経常利益の前期比

経常利益とは，営業利益に営業外収益を加え，営業外費用を差し引
くことにより得られます。経常利益は原則として毎年安定して得られ
る利益であり，前期比が100％を超えれば超えるほど経常的で安定し
た利益が伸びていることを意味します。

⑤　当期純利益の前期比

経常利益に特別利益を加え，特別損失を差し引くことにより得られ
るものが税引前当期利益ですが，これよりさらに法人税等を差し引い

たものが当期純利益となります。これは，当期に会社として活動した結果得られた最終的な利益であり，純資産の増加を意味します。

このように，当期純利益は営利活動による最終的かつ実質的な利益ですから，前期比が100％より数値が大きいほど会社の収益力が高まっていることを意味します。

⑥　総資産の前期比

総資産とは，貸借対照表の資産の部に計上される個々の資産を合計したものです。総資産は，会社が営利活動を進めるための基盤であり，ツールでもあるので，それゆえ会社の基盤やツールの規模を示すものと言えます。前期比が100％より数値が大きいほど，会社規模の拡大を意味します。

⑦　純資産の前期比

純資産とは，株主から提供された資本金や会社の営利活動による過去の利益・当期の利益の合計を示したもので，株主に属するものです。負債は期限が来ると支払が必要になるので販売状況が厳しくなると資金繰りに苦労しますが，このような厳しい時期には，純資産から株主への配当などはしないことが多いので，純資産が多ければ，短期的というよりは中・長期的に(1)資金繰りのうえでは余裕ができます。

純資産は自己資本コストの負担があるものの，会社の資金繰りの観点から前期比が100％を超えれば超えるほど，中・長期的な資金繰り

---

(1)　純資産が多くても短期的に多くの支払いが生じるような状況では，支払い手段である現金・預金が十分であるとは限らない。ただ，中長期的には将来を予想して支払のための現金・預金を確保し，あるいは現金・預金に交換できる資産を多めに用意することが可能となるからである。

の余裕が大きくなることを意味します。

(2)　決算書の内容の検討　—収益性—

①　売　上　高

　売上高とは，製品・商品やサービス提供に係る費用や人件費，経費などすべての費用をまかなう源泉であり，多ければ多いほど収益性が高まる可能性が出てきます。また，売上高が増えれば増えるほど業界でのシェアが高まるので，売上高からみた会社の規模の大きさを意味します。ただ，これはあくまでも基本的な話であり，売上高に対して利益が低かったり，売上高の増加よりもっと費用が増加したりする場合には，逆に収益性が下がることにもなりかねません。

②　売上総利益と売上高総利益率

　売上高総利益率とは，売上総利益の売上高に対する割合で，「売上総利益÷売上高」により計算されます。この割合が高いほど，売上高に対する売上原価の割合を抑えることができていることを意味し，販売する商品やサービスのブランド力が高く，それゆえ収益力が高いことを示しています。

　業種によって売上高総利益率は異なりますが，一般的には40％以上であれば，ある程度の競争力があり収益性が高いとされます。20％〜40％で競争が少し厳しい状況であるとされ，20％以下では激しい競争の渦中にあるとされています。

③　営業利益と売上高営業利益率

　売上高営業利益率とは，営業利益の売上高に対する割合で「営業利益÷売上高」により計算されます。この割合が高いほど，売上高が販売費及び一般管理費を負担してもなお得られる利益，つまり営業利益が大きくなり，会社の本来の営業活動，つまり本業による収益力が高いことを示しています。

　業種により売上高営業利益率は異なりますが，普通10％程度で標準的な収益性の水準とされ，10％未満は改善の余地があり，逆に10％以上では優良水準であるとされています。

④　経常利益と売上高経常利益率

　売上高経常利益率とは，経常利益の売上高に対する割合で，「経常利益÷売上高」により計算されます。この割合が高いほど，毎年安定して得られる利益，つまり経常利益を増加させることが可能で，安定した収益力があることを示しています。

　売上高経常利益率は業種により異なりますが，一般的には5～8％が収益性の優良なレベルであるとされています。

⑤　当期純利益と売上高当期純利益率

　売上高当期純利益率とは，当期純利益の売上高に対する割合で「当期純利益÷売上高」により計算されます。この割合が高いと，当期の特別の事情を考慮しても，会社として獲得した利益，つまり当期純利益が高く，会社としての収益力が高いことを示しています。売上高当期純利益率は3％程度が平均的な収益性の水準とされています。

⑥　ROA

　ROAとは，Return On Assetsの略で総資産利益率のことをいいます。ROAは当期純利益の総資産に対する割合で，「当期純利益÷総資産」により計算されます。この割合が高いほど会社の総資産を利用して行った営利活動による利益が大きいので収益力が高いということになり，経営者から見ると会社が所有する総資産の有効かつ効率的な利用により妥当な成果が得られたことを意味します。業種にもよりますが，一般的には10％を超えると収益性は大変優良，5％程度で優良，1〜2％ほどで普通と判断されます。

　同業他社と比較することで収益性の優劣を判断し，またはその会社の年度別推移をみることで，経営者・従業員の努力や，収益性改善の程度を知ることができます。

⑦　ROE

　ROEとは，Return On Equityの略で自己資本利益率のことをいいます。ROEは当期純利益の自己資本に対する割合で，「当期純利益÷自己資本」で計算されます。株主が会社に提供した資本や会社の営利活動で得られた累積利益を利用して，会社がどの程度の利益をあげたかを示しています。この割合が高ければ収益力が高いことを意味し，株主からみると投資効率の良いことを示しています。ROEが10〜20％であれば収益性は優良とされています。

　ROAの場合と同様に，同業他社との比較や年度別の推移を検討することで，会社の収益性の程度，経営者や従業員の収益性改善の努力やその程度を知ることができます。

⑧ ROIC

ROICとは，Return On Invested Capitalの略で投下資本利益率のことをいいます。会社は，純資産（自己資本）と，銀行からの借入金やリース会社からのリース債務などの有利子負債を利用して営利活動を行います。ここに，株主に対し自己資本コストを負担する純資産（自己資本）や，銀行などの債権者に対し負債コストを負担する有利子負債のことを，会社に対する投下資本といいます。税引後の営業利益（＝NOPAT＝Net Operating Profit After Tax）の投下資本に対する割合のことをROICと言い，「NOPAT[(2)]÷投下資本[(3)]」で計算されます。

このように，ROICは税引後の営業利益の投下資本に対する割合ですので，この値が大きければ大きいほど，一定の投下資本を使い本来の業務から得られる利益，つまり税引後の営業利益が効率よく獲得できていることを意味しています。

目安として，5％前後で収益性は普通，10％以上あれば優良な水準ということになります。

(3) 決算書の内容の検討　―安全性―

① 総　資　産

総資産は，これまで述べてきた貸借対照表に表示される資産を意味

---

(2)　NOPAT＝営業利益×（1－税率）

(3)　投下資本＝有利子負債＋純資産

し，資産が大きいほど営利活動に利用できるツールが多くなるので，会社としては規模の大きい会社ということになります。また，資産の現金化などで返済資金の融通が利くこともあるので，現金化などに時間がかかることを考慮し，短期的というより中・長期的に見て資金繰りが安定し安全性が高いということになります。ただし，流動負債のうち早期に返済すべき債務がとても大きいときには，短期的には財務上の安全性が低いと判断しなければならない場合もあります。

②　自己資本比率

　自己資本比率とは自己資本の負債・自己資本の合計額に占める割合を言い，「自己資本÷（負債＋自己資本）」により計算されます。負債は他人資本とも言うので，この算式の分母を総資本といいます。会社の総資本のうち，中・長期的に増減など変化の少ない自己資本がどのくらい占めているかを示し，この割合が大きいほど中・長期的に資金繰りが安定するので，安全性が高いと言えます。安全性の観点では，優良なレベルは50％以上と言われています。ただし，安全性の立場から離れ，会社の債権者，株主の立場を考えるとき，同じ金額であれば自己資本コストの負担が負債コストの負担より大きいのが一般的なので，負債を増やし，あるいは自己資本を減少させることで，このような負担を軽くする力が働くこともあります。

　なお，負債が増えると負債コストの支払いで会社に課される法人税等が少なくなるというメリットは増えますが，同時に安全性が損なわれるので，会社の特徴，特性，会社を取り巻く経済環境に応じて，適正負債や適正自己資本，つまり適正な自己資本比率が存在することになります。

③　流 動 比 率

　流動比率とは，一年以内または営業循環（ビジネス・サイクル）の
なかで現金として回収できる流動資産と，一年以内または営業循環の
なかで支払期限が来る流動負債との割合のことで，「流動資産÷流動
負債」により計算されます。流動比率が大きいほど，短期的に支払い
が必要な流動負債に比べ，すぐに現金化できる資産が多いということ
を意味し，短期的に資金繰りが安定的で，安全性が高い会社というこ
とになります。流動比率は少なくとも100％ないと資金繰りに注意し
なければならないレベルであり，健全なレベルは150％以上と言われ
ることがあります。

④　有利子負債比率

　有利子負債比率とは，銀行などからの借入金や発行した社債などの
利息を支払わなければならない有利子負債が，自己資本に対してどの
程度の割合であるかを示すものです。「有利子負債÷自己資本」で計
算されます。この割合が大きいほど有利子負債による負担が大きくな
り資金繰りなど安全性を損なうことになりますが，逆に小さい時は安
全性が高いことを意味します。ただし，有利子負債が少ないと事業の
規模が小さくならざるを得ないこともあり，事業の維持・成長が難し
くなると言われています。

　企業のおかれている環境や財政内容にもよりますが，安全性の優良
な企業の場合，有利子負債比率は80％程度以下であると言われていま
す。

⑤　固　定　比　率

　固定比率とは，固定資産が自己資本でどの程度賄われているかを示し，「固定資産÷自己資本」で計算されます。固定資産は，短期的には現金化が困難であり，この割合が大きければ自己資本に占める固定資産の割合が大きいので安全性は劣り，逆に小さければ小さいほど安全性は高まることになります。

　固定資産は長期に資金が固定されるので，通常，返済が不要という自己資本の性質上，固定比率は100％以下，つまり固定資産が自己資本より小さいことが好ましいということになります。

⑥　運転資金回転日数

　製造会社を例にとると，運転資金となる現金は次の図のように棚卸資産や売掛債権など営業上の他の資産の形に変化しながら，現金になって戻ってきます。このような会社の活動サイクルを営業循環と言い，図41のように会社の活動とその大きさ（金額）に対応して資産の

図41　運転資金の流れ

活動	仕入 （＊1）	支出 （＊1）	生産	完成	販売 （＊2）	回収
金額	x 1	x 1	x 2	x 3	x 4	x 4

資産の変化　　材料 →→ **現金** →→ 仕掛品 →→ 製品→→ 売掛債権 → **現金**
　　　　　　（買掛債務）

（＊1）　仕入先との取り決めにより，支払前までは買掛金や支払手形などの仕入債務が発生する。
（＊2）　販売先である顧客との取り決めにより，代金を受け取るまでは売掛金などの売上債権が生じる。なお，販売代金は製造原価に粗利を加算したもの（x 4 ＝ x 3 ＋粗利益）となる。

変化で表されます。また，現金が他の資産に形を変えて再び元の現金の形に戻るまでの日数を運転資金回転日数（Cash Conversion Cycle）と呼びます。

イ　棚卸資産回転日数

　棚卸資産回転日数とは，材料，仕掛品，製品，商品などの棚卸資産が再び現金に戻るまでの日数のことです。棚卸資産回転日数は，「（材料＋仕掛品＋製品＋商品）÷１日当たり売上原価」で計算されます。この日数が短いほど，現金をはじめとする資産の変化が速く，現金が棚卸資産として留まる日数が少なくなります。つまり，運転資金が少なくて済むので安全性は高まります。逆に，棚卸資産回転日数が長いと，棚卸資産が現金に戻るまで日数がかかるので，運転資金がより多く必要になり，安全性が低下することになります。

　なお，商品や製品などの棚卸資産が少なすぎると，欠品など販売機会を逸することにもなるので，できるだけ欠品にならないよう，かつ資金繰りの観点から出来るだけ在庫を少なくすることが必要になります。棚卸資産回転日数の目安は製造業で30〜40日，飲食サービス業で５日程度とされています。

ロ　売上債権回転日数

　売上債権回転日数とは，売掛金や受取手形などの売上債権が再び現金に戻るまでの日数のことを言い，「売上債権÷１日当たり売上高」によって計算されます。売上債権回転日数は言い変えれば，売上債権の残高が，何日分の売上高に相当するかを示しています。

　売上債権回転日数は，短いほど滞留する運転資金が少なくなるので，資金的に余裕ができ，安全性が高まることになります。逆に，売上債

権回転日数が長いと資金的にひっ迫することになり，安全性は低下することになります。平均的には，製造業で約60日，飲食サービス業では７〜８日となっています。一般的には，売上債権回転日数の適正水準は30日以下とされています。

八　仕入債務回転日数

　仕入債務回転日数とは，買掛金や支払手形などの仕入債務が発生し，その後現金の支払いが行われるまでの日数を言い，「仕入債務÷１日当たりの売上原価」によって計算されます。仕入債務運転日数は代金の支払いを猶予してくれている期間ですから，日数が長いほど運転資金が少なくて済み，安全性が高くなります。逆に，日数が短いと，代金支払いの猶予があまりないので，運転資金を増やす必要があり，安全性は低下することになります。一般的には仕入債務回転日数は約40〜50日が標準的な水準と言われています。

二　運転資金回転日数

　会社が営利活動のために必要となる資金のことを運転資金といいますが，これは「棚卸資産額＋売上債権額－仕入債務額」で計算されます。先に述べたように，現金が営業循環で変化し，現金に戻るまでの日数を運転資金回転日数といいますが，この日数は現金が棚卸資産や売上債権にとどまる日数から，仕入債務として支払いを猶予される日数を差し引くことにより計算されます。つまり，運転資金回転日数は「棚卸資産回転日数＋売上債権回転日数－仕入債務回転日数」で計算されます。

　運転資金回転日数が短いほど資金繰りに余裕があり安全性が高まることになりますが，逆に長くなれば運転資金の不足する恐れが高まり

安全性は低くなります。

　ここで，簡略化して売上債権回転日数と仕入債務回転日数のみの関係で，運転資金について検討してみましょう。ある会社（当社）が，顧客からの発注を仕入先に注文する場合，取引関係は次のように表すことができます。

図42　当社と顧客・仕入先との取引関係

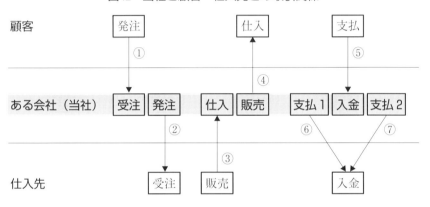

　ある会社（当社）は，①顧客から商品の発注を受け，この商品を②仕入先に発注します。当社から受注した仕入先は③商品を当社に出荷し，その商品を④当社が顧客に出荷することで，代金の回収を除き当社の販売業務は終了します。

　当社は仕入先に仕入債務が，顧客に売上債権がそれぞれ生じることになります。そのため，⑤顧客から支払いを受けることになりますが，⑥仕入先への仕入債務の支払いは顧客より支払いを受ける前に行う（支払１）か，または⑦顧客から支払いを受けてから行う（支払２）かのいずれかで資金繰りの負担が大きく異なります。つまり，支払１は顧客からの入金以外で資金繰りをしなければなりませんが，支払２では顧客からの入金を支払いに充てることができるので，資金繰りの観点では支払２

が望ましいということになります。

　実際の業務において，常に顧客からの受取代金で仕入先への支払代金を充当させることは困難なことも少なくありません。一般的な資金繰りの場合，仕入債務回転日数は仕入から支払いまでの日数であるのに対し，売上債権回転日数は売上から代金回収までの日数となるので，売上債権回転日数よりも仕入債務回転日数が長い場合は資金繰りがやりやすくなりますが，逆に短い場合は，資金繰りが厳しくなる恐れが高くなります。いずれにしても程度の差はあれ，販売と仕入の関係においては入出金のずれに対応する現金の備えは不可欠となります。

(4) 生　産　性

　生産性とは，会社の生産現場である工場において従業員の労働時間，機械設備の稼働時間，原材料の投入量などにより，製品がどの程度効率的に生産されたかの程度をいいます。生産性は，従業員の労働時間に対する生産量や，機械設備の稼働時間に対する生産量，原材料投入量に対する生産量など，様々な要素を分析することで判断します。特に前期との比較，同業者との比較などを通じて生産性の高さや効率の良さなどを把握することができます。

　従業員一人一日当たりの生産性は，指標として生産量，生産額，売上高，営業利益などがあり，これらの指標を延べ従業員数（従業員数×労働日数）で除することによって算出します。機械単位あたりや原材料投入単位あたりの生産性についても同じように算出します。

⑧ ある化粧品会社の事例

　ここで，ある老舗の化粧品会社の事例について検討します。その化粧品会社は，従来より地球環境を大事に考え，業界に先駆けた詰め替え化粧品の開発や，フロンガスを使わないスプレー容器の採用など斬新なアイディアで成長してきた企業です。

　この化粧品会社では，カウンセリング化粧品・セルフ化粧品の販売に加え，SDGs（Sustainable Development Goals ＝ 持続可能な開発目標）の精神に基づき，オーガニック認証(4)を得たスキンケア・メイクアップ化粧品や天然由来成分90％以上(5)のナチュラル化粧品の販売を進めるなど，将来性を高く評価されています。

　なお，この化粧品会社は決算書を公表していないことを考慮し，以下の貸借対照表・損益計算書や個別注記表では金額を変更して掲載しています。

---

(4)　オーガニック化粧品は，農薬，化学肥料，環境ホルモン，遺伝子組み換え技術など化学的，人工的なものを可能な限り避けた自然派化粧品のことをいいます。わが国ではオーソライズされた認証機関がないので，オーガニック化粧品として販売されていても一部オーガニック原料を用いただけのものもあり，きちんとした認証が行われていないのが現状です。この化粧品会社のオーガニック化粧品はスキンケア製品はすべてオーガニック認証の世界基準といわれるECOCERT（エコサート）認証，またはCOSMOS（コスモス）認証のいずれかを取得しています。

(5)　水を含む。

(1)　貸借対照表，損益計算書および個別注記表

この化粧品会社の2xx2年3月期の決算書の一部，つまり貸借対照表，損益計算書および個別注記表を以下に示します。

①　貸借対照表

図43　貸借対照表

2xx2年3月31日現在　　　　　　　　　（単位：百万円）

資産の部 科目	金額	負債の部 科目	金額
流動資産	**31,432**	**流動負債**	**16,615**
現金及び預金	5,972	買掛金	1,530
売掛金	7,939	短期借入金	7,200
商品	3,124	リース債務	5
製品	4,403	未払金	4,575
原材料	3,541	未払費用	392
仕掛品	730	未払法人税等	377
貯蔵品	282	賞与引当金	487
前払費用	218	役員賞与引当金	97
短期貸付金	3,672	返品調整引当金	129
その他流動資産	5,295	その他流動負債	1,823
貸倒引当金	△ 3,744	**固定負債**	**5,246**
固定資産	**30,221**	長期借入金	4,200
有形固定資産	**24,414**	リース債務	14
建物	8,967	役員退職慰労引当金	703
構築物	883	その他の固定資産	329
機械装置	1,945	**負債合計**	**21,861**
車輌運搬具	3	純資産の部	
工具器具備品	1,036	**株主資本**	**39,376**
リース資産	18	資本金	1,950
土地	11,390	資本剰余金	1,634
建設仮勘定	172	資本準備金	1,634
無形固定資産	**302**	利益剰余金	54,869
ソフトウェア	285	利益準備金	109
電話加入権	17	その他利益剰余金	54,760
投資その他の資産	**5,505**	別途積立金	52,770
投資有価証券	1,373	繰越利益剰余金	1,990
関係会社株式	1,860	自己株式	△ 19,077
出資金	19	**評価・換算差額等**	**417**
長期貸付金	60	その他有価証券評価差額金	417
前払年金費用	153		
長期前払費用	172		
繰延税金資産	1,431		
保険積立金	126		
その他投資等	350		
貸倒引当金	△ 39	**純資産会計**	**39,793**
資産合計	61,653	負債・純資産合計	61,653

②　損益計算書

図44　損益計算書

2xx1年4月1日から2xx2年3月31日まで

（単位：百万円）

科目	金額	
売上高		63,890
売上原価		27,724
売上総利益		36,166
手数料収入		9,266
営業総収入		45,432
販売費及び一般管理費		43,449
営業利益		1,983
営業外収益		
受取利息及び配当金	95	
貸倒引当金戻入	515	
助成金	390	
その他の営業外収益	111	1,111
営業外費用		
支払利息	20	
貸倒引当金繰入	119	
保育園関連諸費	182	
その他の営業外費用	2	323
経常利益		2,772
特別利益		
受取遅延損害金	12	12
特別損失		
投資有価証券評価損	235	
固定資産除却損	26	
減損損失	71	333
税引前当期純利益		2,451
法人税,住民税及び事業税	644	
法人税等調整額	66	710
法人税等還付税額	87	87
当期純利益		1,829

③　個別注記表

【重要な会計方針に係る事項に関する注記】

1　資産の評価基準及び評価方法

（1）　有価証券の評価基準及び評価方法

子会社及び関連会社株式…移動平均法による原価法

その他有価証券

時価のあるもの…期末日の市場価格等に基づく時価法

時価のないもの…移動平均法による原価法

(2)　棚卸資産

　　商品・製品・原材料・仕掛品…総平均法による原価法

　　貯蔵品…最終仕入れ原価法

2　固定資産の減価償却の方法

(1)　有形固定資産（リース資産を除く）…定額法

　　各資産別の主な耐用年数

　　　　建物　　　　　　　　3 年～47年

　　　　構築物　　　　　　　10年～40年

　　　　機械装置　　　　　　8 年～12年

　　　　車両運搬具　　　　　6 年

　　　　工具器具備品　　　　2 年～20年

(2)　無形固定資産（リース資産を除く）

　　自社利用ソフトウエア…利用可能期間（ 5 年）に基づく定額法

(3)　リース資産

　　所有権移転外ファイナンス・リース取引に係るリース資産…リース期間を耐用年数として，残存価額を零とする定額法

(4)　長期前払費用…均等償却

3　引当金の計上基準

(1)　貸倒引当金

　　債権の貸倒れによる損失に備えるため，一般債権については貸倒れ実績率により，貸倒懸念債権等特定の債権については個別に回収可能性を検討し，回収不能見込額を計上しています。

(2)　賞与引当金

　　従業員に対して支給する賞与の支出に備えるため，将来の支給見込額のうち当事業年度の負担額を計上しています。

(3) 役員賞与引当金

　　役員に対する賞与の支出に備えるため，支給見込額に基づき計上しています。

(4) 返品調整引当金

　　商品・製品の返品による損失に備えるため，返品予測額に基づき算定した損失見込額を計上しています。

(5) 退職給付引当金

　　従業員の退職給付に備えるため，当事業年度末における退職給付債務見込額及び年金資産残高に基づき計上しています。

(6) 役員退職慰労引当金

　　役員及び執行役員の退職慰労金の支給に備えるため，内規に基づく期末要支給額を計上しています。

4　重要な外貨建ての資産または負債の本邦通貨への換算の基準

　　外貨建金銭債権債務は，決算日の直物為替相場により円貨に換算し，換算差額は損益として処理しています。

5　その他計算書類の作成のための基本となる重要な事項

(1) 消費税等の会計処理

　　税抜き方式によっています。

(2) 記載金額は百万円未満を四捨五入して表示しています。

【貸借対照表に関する注記】

1　有形固定資産の減価償却累計額　　　　　　　　117,563百万円

2　関係会社に対する金銭債権・債務

　　　短期金銭債権　　　　　　　　　　　　　　　9,719百万円

　　　短期金銭債務　　　　　　　　　　　　　　　4,075百万円

【損益計算書に関する注記】

1　関係会社との取引高

　(1)　営業取引による取引高　売上高　　　　　　　　279百万円

　　　　　　　　　　　　　　　仕入高　　　　　　　2,828百万円

　　　　　　　　　　　　　　　その他の営業取引　68,931百万円

　(2)　営業取引以外の取引高　受取利息　　　　　　　74百万円

【税効果会計に関する注記】

1　繰延税金資産および繰延税金負債の発生の主な原因別の内訳

　①　固定資産

　　　繰延税金資産

貸倒引当金		1,134百万円
子会社株式評価損		675百万円
役員退職慰労引当金		213百万円
賞与引当金		148百万円
廃棄費用引当		119百万円
資産除去債務		100百万円
その他		246百万円
繰延税金資産	小計	2,636百万円
評価性引当額		△977百万円
繰延税金資産	合計	1,659百万円

繰延税金負債		
投資有価証券評価差額金		181百万円
前払年金費用		46百万円
繰延税金負債	合計	228百万円
繰延税金資産の純額		1,431百万円

【リースにより使用する固定資産に関する注記】

　貸借対照表に計上した固定資産のほか，コピー機の一部については，所有権移転外ファイナンス・リース契約により使用しています。

【1株当たり情報に関する注記】

1	1株当たりの純資産額	9,283円62銭
2	1株当たりの当期純利益	344円58銭

【重要な後発事象に関する注記】

　該当事項はありません。

（2） 前期の貸借対照表と損益計算書

① 前期の貸借対照表

前期（2xx1年3月期）の簡易な貸借対照表は次のとおりとします。

図45 前期貸借対照表

2xx1年3月31日現在　　　　　　　（単位：百万円）

資　　　産	70,680	負　　　債	24,013
		純　資　産	46,667
合　　　計	70,680	合　　　計	70,680

② 前期の損益計算書

前期（2xx0年4月1日〜2xx1年3月31日）の簡易な損益計算書は次のとおりとします。

図46　前期損益計算書
2xx0年4月1日から2xx1年3月31日まで

（単位：百万円）

売上高	60,600
売上原価	26,429
売上総利益	34,171
手数料収入	8,953
販売費一般管理費	39,672
営業利益	3,452
営業外収益	378
営業外費用	237
経常利益	3,593
特別損失	326
税引前当期純利益	3,267
法人税等	349
当期純利益	2,918

(3)　事例とした化粧品会社の各指標の分析

①　成　長　性

イ　売上高の前期比

> 売上高÷前期売上高
> 　　＝63,890百万円÷60,600百万円
> 　　＝105.4％

　上記をみると，売上高は前期比5.4％の増加であり，順調に収益を伸ばしています。この要因は，商品がもつ安全・安心・高品質のブランドイメージがかねてより定着していたことに加え，効果的なテレビCMやSNS（ソーシャル・ネットワーキング・サービス）での情報発信などの広告展開が寄与したと分析しています。

ロ　売上総利益の前期比

> 売上総利益÷前期売上総利益
> 　　＝36,166百万円÷34,171百万円
> 　　＝105.8％

　上記をみると，売上総利益は前期比5.8％の増加であり，順調に伸ばしています。この要因として考えられることは，主に売上原価に固定費の占める部分（詳細は省略）もあり，売上高の増加に比べ売上原価の増加が抑えられたことによります。結果的に，商品のブランド価

値の向上につながりました。

八　営業利益の前期比

> 営業利益÷前期営業利益
> 　　　=1,983百万円÷3,452百万円
> 　　　=57.4%

　上記をみると，営業利益は前期の57.4%であり，大きく落ち込みました。これは，売上高を伸長させるため広告宣伝を積極的に行ったこと，リスクマネジメントや法令順守の強化のため専門職の中途採用や社員教育などにより販売費及び一般管理費が前期の39,672百万円から43,449百万円と3,777百万円だけ増加したことが原因です。この広告宣伝費により今期は営業利益を減少させましたが，同時に商品の認知が進んだので今後の売上に好影響を与えるものとみられます。また，リスクマネジメント・法令順守などの強化で会社の基盤がしっかりしたものになり，営利活動に必要な会社の内部・外部から見た信頼性，安定性も向上しています。

二　経常利益の前期比

> 経常利益÷前期経常利益
> 　　　=2,772百万円÷3,593百万円
> 　　　=77.2%

　上記をみると，経常利益は前期の77.2%であり，営業利益ほどではありませんが，それでもかなりの落ち込みとなりました。この落ち込みの主たる原因は営業利益の減少によるものですが，営業外収益は

1,111百万円に対し，営業外費用が323百万円となり，営業利益の減少を8億円ほど緩和することができました。

ホ　当期純利益の前期比

> 当期純利益÷前期当期純利益
> 　　　＝1,829百万円÷2,918百万円
> 　　　＝62.7％

　上記をみると，経常利益は前期に比べ減少したところに，さらに投資有価証券評価損や減損損失が約300百万円発生したので，法人税等を差し引いた当期純利益はさらに落ち込み，前期の62.7％となりました。ただし，特別損失は今後しばらくの間，大きな金額の発生はないものと見込まれています。

ヘ　総資産の前期比

> 総資産÷前期総資産
> 　　　＝61,653百万円÷70,680百万円
> 　　　＝87.2％

　図45の前期貸借対照表では負債の内訳が明らかではありませんが，実際は長期・短期借入金が126億円でした。手持ち現金による借入金の返済約12億円などで負債が約22億円減少し，純資産も当期純利益約18億円の計上にもかかわらず，自己株式の取得により約69億円減少することになりました。

　これらの結果，総資産は約90億円減少し，前期比で12.8％減少し87.2％と縮小しました。総資産の減少で会社の規模は縮小しましたが，

今後は会社の総資産の効率的な利用で収益性の向上が期待できます。

ト　純資産の前期比

> 純資産÷前期純資産
> 　　＝39,793百万円÷46,667百万円
> 　　＝85.3%

　当期純利益が約18億円計上できたにもかかわらず，自己株式の取得により純資産は前期の85.3%と大幅に減少しました。この自己株式の取得は，今後の1株当たり利益の増加や，ROEの好転など既存株主の期待に沿って行ったものでした。純資産の減少は，今後の経営にあたりネガティブな要因もありますが，株主の意向も考慮しやむを得ないことであったと考えます。

②　収　益　性

イ　売　上　高

> 売上高＝638億90百万円

　この化粧品会社は業界において，最大手グループの次のグループに属する化粧品会社と考えられています。創業以来，長期にわたる真摯な経営で消費者の信用を得ており，それとともに新しい時代環境にあった植物由来の化粧品などで優位な地位が確保できれば，さらなる発展が期待されるところです。

ロ　売上総利益と売上高総利益率

> 売上総利益＝361億66百万円
> 売上高総利益率＝36,166百万円÷63,890百万円
> 　　　　　　＝56.6％

　化粧品業界では通常の売上高総利益率が70％〜80％の大きさなので，この化粧品会社の売上高総利益率は56.6％と少し低いレベルです。ただし，この化粧品会社は創業以来適正価格，適正利潤を追求して成長してきた会社でもあり，その理念は今でも生きていると言えるでしょう。なお，一般的な企業では売上高総利益率が40％以上であれば，ある程度の競争力があるとされており，この化粧品会社はこれを上回っているため，今後の成長と収益性の向上が期待できます。

ハ　営業利益と売上高営業利益率

> 営業利益＝19億83百万円
> 売上高営業利益率＝1,983百万円÷63,890百万円
> 　　　　　　　　＝3.1％

　売上高営業利益率が3.1％というのは，少し低いように見えます。先に述べたとおり，テレビCMなど広告宣伝費を多く使ったことや，中途採用などによる人件費の増加の影響が考えられます。今後の熱意ある営業活動が期待されます。

二　経常利益と売上高経常利益率

> 経常利益＝27億72百万円
>
> 売上高経常利益率＝2,772百万円÷63,890百万円
>
> ＝4.3％

　当期は営業外収益が計上され，経常利益は営業利益に比べ良くなっています。それでも，売上高経常利益率は一般的には少し低い水準です。今後については，安定的に経常利益を確保するためにも，営業利益の改善が望まれるところです。

ホ　当期純利益と売上高当期純利益率

> 当期純利益＝18億29百万円
>
> 売上高当期純利益率＝1,829百万円÷63,890百万円
>
> ＝2.9％

　売上高当期純利益率は2.9％ですが，一般的には平均的か少し低い水準です。やはり，営業利益を改善するとともに，営業外費用や特別損失の発生には最新の注意を払いながら，当期純利益の確保に注力しなければなりません。

ヘ　ROA（総資産利益率）

> ROA＝1,829百万円÷61,653百万円
>
> ＝3.0％

　業種にもよりますが，ROAが5％程度で少し良い水準，1〜2％で普通の水準とされています。この化粧品会社では，ROAが3.0％で

すので，資産効率は普通か少し良いと考えられます。今後，営業利益
や当期純利益の増加を図ることでROAのレベルを今より向上させて
いく必要があります。

ト ROE（自己資本利益率）

$$
\begin{aligned}
ROE &= 1{,}829百万円 \div 39{,}793百万円 \\
&= 4.6\%
\end{aligned}
$$

ROEは10％を超えると優良な水準とされています。当社では4.6％
でしたので，平均的な水準でしょう。やはり，ROA（総資産利益率）
のところで述べましたが，収益力を向上させ，営業利益や当期純利益
の増加を図らなければなりません。

チ ROIC（投下資本利益率）

$$
\begin{aligned}
ROIC &= NOPAT \div 投下資本 \\
&= 1{,}983 \times (1 - 25.4\%_{(*3)}) \div (7{,}200百万円 + 5百万円 \\
&\quad + 4{,}200百万円 + 14百万円 + 39{,}793百万円) \\
&= 2.9\%
\end{aligned}
$$

（*3） 実効税率を25.4％とする。

ROICは，5％前後で普通とされていますので，この化粧品会社は
2.9％であり，さらなる努力が必要となります。もともとこの化粧品
会社は創業も古く内部留保が累積されているので，その意味ではこれ
まで自己資本に応じた利益を獲得できていなかったというべきであり，
各ブランドのさらなる認知度向上，好感度アップをはかり，営業利益
増加につなげなくてはなりません。

③　安　全　性

イ　総　資　産

　　総資産は616億53百万円であり，大企業としての規模を誇っています。内容的には，現金・預金59億72百万円売掛金79億39百万円に対し，買掛金は15億30百万円ですし，また，流動資産314億32百万円に対し流動負債が166億15百万円なので，資金繰りにもある程度の余裕があります。それゆえ，固定資産や投資その他の資産の現金化や急な借り入れの必要性はそれほど高くありません。

ロ　自己資本比率

自己資本比率＝純資産÷（負債＋純資産）
　　　　　　　＝39,793百万円÷（21,861百万円＋39,793百万円）
　　　　　　　＝64.5％

　　自己資本比率が50％を超えると財務上の安全性は優良な水準とされていますので，この化粧品会社の場合は優良と判断されます。

ハ　流　動　比　率

流動比率＝流動資産÷流動負債
　　　　　＝31,432百万円÷16,615百万円
　　　　　＝189％

　　流動比率が100％以下であれば，資金繰りに注意しなければならない水準とされていますが，この化粧品会社では189％と余裕がありますので，安全なレベルです。

二　有利子負債比率

> 有利子負債比率＝有利子負債÷自己資本
> 　　　　　　　＝（7,200百万円＋ 5 百万円＋4,200百万円
> 　　　　　　　　　＋14百万円）÷39,793百万円
> 　　　　　　　＝28.7％

　有利子負債比率が100％以下であれば，安全性は優良とされており，300％までの水準であれば標準的と言われています。一方，この化粧品会社のように有利子負債比率が28.6％というのは小さいので，有利子負債を有効に使用していないのではないか，もう少し借り入れを増やし積極的な経営をすべきではないか，そうでなければ高配当や自己株式の取得など株主への還元が要求され，これに応じる必要があるかもしれません。

ホ　固 定 比 率

> 固定比率＝固定資産÷自己資本
> 　　　　＝30,221百万円÷39,793百万円
> 　　　　＝75.9％

　固定資産は長期に資金が固定されるので，原則として返済の必要がない純資産（自己資本）でまかなうこと，つまり100％以下が望ましいとされています。当社の固定比率は75.9％と100％以下ですので，安全性は高いと判断できます。

ヘ　運転資金回転日数

棚卸資産回転日数

　　＝（商品＋製品＋原材料＋仕掛品）÷（売上原価÷365日）

　　＝（3,124百万円＋4,403百万円＋3,541百万円＋730百万円）

　　　÷（27,724百万円÷365日）

　　＝155.3日

売上債権回転日数

　　＝売上債権÷（売上高÷365日）

　　＝7,939百万円÷（63,890百万円÷365日）

　　＝45.4日

仕入債務回転日数

　　＝仕入債務÷（売上原価÷365日）

　　＝（1,530百万円＋4,575百万円）÷（27,724百万円÷365日）

　　＝80.4日

運転資金回転日数

　　＝棚卸資産回転日数＋売上債権回転日数－仕入債務回転日数

　　＝155.3日＋45.4日－80.4日

　　＝120.3日

　運転資金回転日数は120.3日であり，現金を棚卸資産の購入に使用して以降，再び現金として回収するまでの日数としては長いと考えられます。棚卸資産の在庫を減らし，売上債権の回収を早めにし，かつ仕入債務の支払いを遅らせるなど，そのすべてまたは一部を行う努力が必要になります。

④　生　産　性

イ　労働生産性（従業員の労働時間に対する生産量）

　内部資料によると，2xx0年 7 月と2xx1年 7 月の乳液生産部門の生産量（単位：kg）と実稼働時間（単位：人（M）・時間（H））は以下のとおりでした。

	生産量（kg）	実稼働時間（M・H）
2xx0年 7 月	107,587	1,601.5
2xx1年 7 月	140,825	1,654.5

　結局，2xx0年 7 月の乳液生産部門における労働生産性は67.2（kg／M・H）（＝107,587÷1,601.5）で，2xx1年同月では85.1（kg／M・H）（＝140,825÷1,654.5）となるので，前年比は126.6％（＝85.1÷67.2）となります。これは，2xx1年 7 月の実稼働時間1,654.5（M・H）は前年同月の1,601.5（M・H）と比べ少しだけ多いものの，生産量は大幅に増えているので，結果として労働生産性は高まったことになります。

　この要因として，1 年の間に社員の機械対応の熟練度が増したことで，生産における失敗が少なくなり，かつ生産のスピードアップも実現されたことが考えられます。

ロ　機械稼働時間あたりの生産性（機械設備の稼働時間に対する生産量）

　内部資料によると，2xx0年 7 月と2xx1年 7 月の粉末生産部門のパウダーファンデーションの生産量（単位：kg）と機械実稼働時間（単位：時間（H））は以下のとおりでした。

	生産量（kg）	機械実稼働時間（H）
2xx0年7月	283,778	552.2
2xx1年7月	294,681	707.0

　2xx0年7月の粉末生産部門では，機械実稼働時間単位あたりの生産性は513.9（kg／H）（＝283,778÷552.2）で，2xx1年同月では416.8（kg／H）（＝294,681÷707.0）となるので，前年比は81.1％（416.8÷513.9）となります。

　これは，2xx1年7月の機械実稼働時間707.0Hは前年同月の552.2Hと比べ大幅に増えていますが，逆に生産量は少ししか増えていないので，結果として機械実稼働時間あたりの生産性は低くなったことになります。

　これは直近1年間機械の新規導入がなかったので，既存機械の老朽化が進み，わずかに連続生産に支障をきたすようになっていたことが原因の1つでした。機械の運転効率が悪くなり，生産性が低くなっていたためその後早い時期に導入することが決まりました。

八　原材料単位当たりの生産性（原材料投入量に対する生産量）

　内部資料によると，2xx0年7月と2xx1年7月の充填包装部門のクリーム生産量（個）と容器投入量（個）は以下のとおりでした。

	生産個数（個）	容器投入個数（個）
2xx0年7月	609,136	629,728
2xx1年7月	882,029	892,110

　2xx0年7月の充填包装部門では，クリーム容器1個当たりの生産性は0.967個（＝609,136÷629,728）で，2xx1年同月では0.989個（＝

882,029÷892,110）となりました。前年比は（102.2% = 0.989÷0.967）
となり，クリーム容器１個当たりの生産性は2.2%だけ向上しています。

　この要因として，社員の入れ替えで熟練度がやや低下し，生産性の
マイナス要因となったものの，３年ぶりに機械部品の交換を行ったこ
とで機械がより順調に稼働し，生産性がプラスに転じたことが考えら
れます。

⑨　会社のモノやコトについて，うれしい程度またはいやな程度

　ここまで，貸借対照表において資産（およびその増加）はうれしいモ
ノ，負債・純資産（およびその増加）はいやなモノであり，損益計算書
では収益（およびその実現）はうれしいコト，費用（およびその発生）
はいやなコトだと説明してきました。ただ，資産がうれしいモノと言っ
ても現金と建設仮勘定ではうれしさの程度に差があることを述べました。
ここでは，うれしい程度，いやな程度について，会計要素ごとに説明し
ます。

（1）　資産（うれしいモノ）のうれしい程度

　前述のとおり，会社にとって現金・預金が最もうれしいモノというこ
とになりますが，それは会社が必要とするほとんどの資産に交換できる
し，債務の決済手段としていつでも利用できるからです。

　現金・預金のつぎにうれしいモノは受取手形や売掛金などの売掛債権

です。受取手形は一定期間が経てば現金化できますし，現金化できないときは手形を振り出した会社の倒産を意味し，当然それを避けるために，現金化についてはかなりの強制力があると言えます。売掛金も受取手形ほどではありませんが，通常は期限が来ると支払う約束でその約束を守らないとビジネス上の信用を失いますからほぼ同様です。

つぎに在庫のうち製品や商品は，販売により現金化されるので，うれしい程度は売掛債権の次に高いということになります。仕掛品，原材料などがこれに続きます。

前払金や前払費用などは，現金の支払いがすでに完了しており，今後商品の受け取りやサービスの提供を受けても現金の支払いが不要ですので，うれしい資産ということになりますが，換金性の点からうれしい程度は原材料に劣ります。

このように，現金化できる可能性の高いものや早期にできるものほど，うれしい程度は大きいということになります。

以上の資産を流動資産といいますが，これらは現金化の可能性が高く，また，前払金などは今後費用が発生してももはや支払いが不要なので，他の資産，つまり固定資産よりうれしいということになります。

固定資産には，営利活動になくてはならない建物，構築物，機械装置，車両・運搬具，工具・器具・備品，土地（工場・本社用地など）などの，いわゆる有形固定資産があります。例えば，工場にはここに挙げた固定資産が設置されなければならず，現金獲得のための製品を作るためにどうしても必要であり，流動資産ほどではないにしても，うれしい資産，うれしいモノということになります。なお，有形固定資産も売却により現金に代えることができますが，通常は流動資産のように現金化には時間がかかるので，この点からもうれしい程度は流動資産のほうがより高いということになります。

　また，固定資産には営業権，特許権，ソフトウエアなどの無形固定資産があります。営業権は会社が持つノウハウやブランドイメージ，顧客情報などで他から購入した場合の資産ですし，特許権は技術など独占的に使用する権利であり，ソフトウエアはコンピューターの使用にあたり命令を出すための情報で，コンピューターの頭脳に当たるOS（オペレーティングシステム）や，目的別に作られるアプリケーションなどのことです。これらの無形固定資産は，会社の営利活動上有用なもので現金化を前提としていませんが，取引先などの要請があれば，ときに売却したり，あるいは貸与により使用料を得たりすることで現金化することもあります。

　固定資産には投資有価証券，関係会社株式，長期貸付金などの「投資その他の資産」と呼ばれるものもあります。これら投資その他の資産は，営利活動上の必要から所有しているので，原則として現金化を考えていませんし，長期貸付金のように現金化できるとしてもずいぶん先のことになります。このように，投資その他固定資産はうれしいモノではありますが，営利活動上の必要から所有するものであるため，その程度は固定資産の中ではより下位のうれしさということになります。

(2)　負債（いやなモノ）のいやな程度

　会社にとって最もいやなモノは支払手形です。期限がやってくると必ず現金を支払わなければなりません。支払わなければ支払手形が決済されなかったということで，銀行取引が停止になり，会社の倒産を意味します。

　つぎにいやなモノは買掛金であり，支払手形と同様に期限が来ると，

通常現金を支払わなければなりません。支払いが遅れてもすぐには倒産に至りませんが，取引先からの信用力が低下することになります。次に短期借入金がつづきます。利息を支払ったり元本を支払ったりしなければならないのでいやなモノですが，銀行などとの話し合いで元本の返済をせずに借り換える余地があるので，買掛金より，まだ良い方だといえるでしょう。

　未払金や未払費用は，すでに取引先から製品・商品やサービスの提供を受けているので，あとは現金の支払いが必要になりますが，支払日が確定していないこともあり，短期借入金よりいやな程度は低いと言えるでしょう。

　以上は流動負債であり，1年以内の支払いまたは営業循環の過程での支払いですので，会社としては支払いが1年以上または営業循環外の負債，つまり固定負債に比べよりいやなモノということになります。

　固定負債の中でも，長期借入金は，短期借入金のように短期間で元本全額を返済するということはありませんが，通常，毎年分割払いが必要になります。これに比べ，退職給付引当金は社員が退職する際の将来の支払いであり，支払いを急がない点では，同じいやなモノでも退職給付引当金が長期借入金より，まだましということになります。

(3)　純資産（いやなモノ）のいやな程度

　株主が会社を設立するための出資，あるいは営利活動を進めるうえで，会社にとって必要な増資の場合，株主から会社に資金を提供することになりますが，これらの資金が資本金や資本準備金ということになります。原則として出資された元本を株主に返済する必要はありません。ただし，

会社としてはこれらの出資に応じた配当金の支払いを含む自己資本コストを負担しなければならないので，借入金など元本の返済の負担ほど大きくはないものの，やはりいやなモノということになります。

　次に，会社が営利活動の結果として，過去の利益（累積利益）や当期の利益（当期純利益）があります。これらの利益は会社の努力で儲け，会社に留保してきたものですが，法律上は株主に属することになります。それゆえ，これらの利益には資本金などと同様に自己資本コストが負担となりますし，株主が望めば配当をしなければなりません。このように，利益は配当という形で株主に還元しなければなりませんが，原則として返還が不要な資本金等のほうが，留保された利益よりいやな程度は低いと言えます。

（4）収益（うれしいコト）のうれしい程度

　収益には，会社の本来の業務から生ずる売上高，本来の業務ではないが毎年経常的に得られる営業外収益，また当期において臨時的かつ大きな利益が得られる特別利益があります。

　会社の本来の業務であり，かつ収益の中心的なものである売上高が最も重要で，売上が実現し売上高が増加することは，会社にとって最もうれしいコトということになります。

　次に，営業外収益には，会社の本来の業務ではないが毎年おおむね経常的に得られる受取利息，受取配当金，有価証券売却益，雑収入などがあります。これらの営業外収益は，会社の本来の業務から得られる売上高に次いでうれしいコトということになります。

　特別利益とは，会社の通常の業務とは直接関係のない，特別の原因で

その期にだけ発生した多額で臨時的な利益のことをいいます。本来の業務から得られたものでもなく，経常的に得られたものでもないため，うれしさの程度は営業外収益より劣ることになります。ただし，劣ると言っても特別利益は金額的に大きくなることがあり，その場合にはとてもうれしいコトということになります。特別利益には，固定資産売却益，投資有価証券売却益，前期損益修正益などがあります。

　最後に，法人税等や法人税等調整額という税金に係わる費用または収益について述べます。まず，法人税等とこれに加えられる法人税等調整額については，費用に分類されるので，次項で説明します。法人税等より控除される法人税等調整額は，法人税等という費用を減少させるので，収益の性格を持ちます。例えば，当期に利益が得られず損失が計上されることになった場合，税法上の繰越損失となり，翌期以降に利益が出て課税所得が生じたとき，この課税所得から繰越損失が控除されるので支払うべき法人税等が少なくなります。会計上，このことを権利として考え，これを繰延税金資産といいます。このような権利が生じると，これに対応して法人税等調整額という収益が生じることになります[5]。

---

(5)　法人税等調整額と繰延税金資産について，仕訳により説明すると以下のようになる。
　　①　当期に損失が生じたとき
　　　当期が損失のとき，翌期以降に利益が得られ法人税等の支払いが必要なときでも，この当期損失（繰越損失）により翌期以降に支払うべき法人税等が減額される。そこで，当期は繰延税金資産という資産が計上され，一方，マイナスの法人税等として法人税等調整額（収益）が計上される。つまり，当期は法人税等の支払いが0（ゼロ）であるのみならず将来の法人税等を減額できる権利，つまり繰延税金資産が生じ，これに対応して計上される法人税等調整額は収益となる。仕訳で示すと次のようになる。
　　　繰延税金資産　　　×××　／　法人税等調整額　　　×××

　この法人税等調整額は収益であり，マイナスの法人税等という形で計
上され，いやなコトの反対ですので，うれしいコトということになりま
す。もともと法人税等は税法の規定により課税所得があれば支払いの義
務があるもので，節税のレベルを超えて会社の努力で支払わないように
することはできません。その意味ではいやなコトと言ってもいやな程度
は低く，その反対のうれしいコトとなった場合でもうれしさの程度は同
様に低いということになります。

(5)　費用（いやなコト）のいやな程度

　費用には，会社の本来の業務である売上高に対応する売上原価，また
その期の営利活動のために必要な販売費及び一般管理費，本業とは直接
関係ないものの，毎期経常的に発生する営業外費用，その期において多
額かつ臨時的に発生した特別損失，そして利益に基づく課税所得があれ
ば税法により支払うことが義務付けられている法人税等があります。
　このうち，本来の業務を進めるうえで売上高に対応する売上原価が会
社にとって最も重要であり，また金額も大きくなるので，売上原価が最
もいやなコトであり，できるだけ小さくする努力が必要になります。も
ちろん，売上の対象となる商品・製品やサービスは，消費者よりその品

---

　②　翌期以降に利益が得られたとき
　　　翌期以降に利益が得られると，その期に支払うべき法人税等が繰越損
　　失により減額されるので，決算書ではその減額分だけ繰延税金資産が減
　　少し，一方，費用としての法人税等調整額が計上される。
　　　つまり，法人税等の実際の支払額は少なくなるものの法人税等の費用
　　は法人税等調整額だけ増加することになる。
　　　法人税等調整額　　　×××　／　延 税 金 資 産　　　×××

質の高さが評価されるので，原材料やサービスの質が大事であるため，自ら原価の低減には限りがあります。

　次に，その期の売上高を達成するために発生する販売費及び一般管理費は，人件費・法定福利費や本社建物の減価償却費など固定費の部分が多く，かつ，金額が大きくなることもあるので，売上原価に続き，いやなコトということになります。毎期，経常的に発生する営業外費用には支払利息，有価証券売却損，雑損失などがあり，本来業務というより，会社の業務を進めるにあたりおおむね経常的に発生する費用であり，売上原価，販売費及び一般管理費に次いでいやなコトと言えます。

　その期に特別な原因で発生した多額で臨時的な特別損失のいやな程度は，本業に関係せず，また毎期発生するものでもないため，いやな程度は低くなります。ただし，低いと言っても，特別損失は金額的に大きくなることがあるので，その場合にはとてもいやなコトになるでしょう。特別損失には，リストラに伴う退職割増金を含む退職金，固定資産売却損，投資有価証券売却損，前期損益修正損などがあります。

　法人税等は，収益から費用を差し引いた税引前当期利益に税法上の調整を行った所得に課される税金のことです。この法人税等は，利益をベースとする課税所得がある限り必ず課税され，どの会社でも税法に規定された一定のルールで払わなければならない費用なので，その他の費用に比べいやな程度は最も低いということになります。

Ⅰ　Ⅱ　**Ⅲ**　Ⅳ

会計の道しるべは
適正な期間損益

Ⅰ　会社はビジネスパーソンの集団で営利
　　を目的とする継続企業

Ⅱ　簿記は会計の出発点

Ⅲ　会計の道しるべは適正な期間損益

Ⅳ　グループ会社はひとつの会社

期間損益

　一定期間での営利活動の結果を知るためには，会社の持つ資産が減り，あるいは負債が増えるなど，経済価値が減ったことで費用を把握（認識）⑴し，逆に経済価値が増えたことで収益を認識するとともに，それぞれの金額を確定（測定）⑵しなければなりません。収益・費用の差額として得られる利益または損失のことを期間損益といいます。なお，一定期間というのは正確には会計期間のことで通常１年間ですが，上場会社などでは四半期を会計期間として期間損益を計上し，株主をはじめとするステークホルダーに報告することになっています。

　費用は会社が行う営利活動のための経済的努力（または犠牲）であり，収益はその経済的な成果です。収益から費用を差し引いた利益は，営利活動における経済的な努力とその成果に基づき把握すべきものです。わかりやすく言うと，会社の会計期間において稼ぐための努力（費用）と得られた稼ぎ（収益）を対比した結果，儲け（利益）がいくらであるかを計算するということになります。

　期間損益を前提に，①株主は配当を要求すべきかどうか，配当を要求する場合はその額をいくらにするか，または株式を売却して株主の地位を去るかを決定し，②経営者は株主に委託された経営の結果について評

⑴　認識とは，収益や費用を会計帳簿や決算書に計上すべき時期について判断することで，収益は実現主義，費用は発生主義による。
⑵　測定とは，会計要素を会計帳簿や決算書に計上する際，その金額を確定することである。

価を受け，③債権者は貸付金の返済を受けるかどうか，借り換えを認めるかどうか，新規貸し付けをするかなどの判断ができるようになり，④従業員は給与や賞与の増額を望み，逆に利益が小さく，または赤字の場合は現状の給与で我慢するか，従業員によっては転職を望むことになります。⑤消費者は，利益を研究開発のために充てることや付加価値の高い製品の販売を期待し，または製品の値下げを望むこともあり，業績が厳しいときには値上げを受け入れることもあります。⑥また，会社が国や地方自治体に税金を納めることで社会に対する責任を果たすことができます。このように，ステークホルダーにとって期間損益計算はとても重要であるため，会社は期間損益計算を正しく行われなければなりません。

 # ② 費用収益対応の原則

　ある会計期間に発生した費用のうち，その会計期間の収益，つまり期間収益の獲得に貢献した部分だけをその期の期間費用として，認識かつ測定し，この期間収益と期間費用の差額を正確に計算することが適正な（または正しい）期間損益計算ということになります。

　発生した費用のうち，期間費用にならなかったものは当期の資産とされ，かつ翌期以降の費用ということになります。このことは，適正な期間損益計算を行う上で基本となる考え方であり，また，期間費用とこの費用によって獲得できた期間収益を対応させ，適正な期間損益を計算する考え方のことを「費用収益対応の原則」といいます。

　適正な期間損益を計算するため，会計にはその他の多くの決め事があ

ります。例えば，費用とならない支出には前払金や前払費用などの資産があり，支出がなくても費用になる経費や引当金繰入額などがあります。また，固定資産取得のための支出について，その期に全額を費用とはしないで，その固定資産の利用可能期間に費用を割りあてる減価償却費のようなものもあります。これらは適正な期間損益の計算のため，どうしても必要な会計上の考え方ということになります。

③　正しい期間損益計算

　会計における現金主義は，収入と支出をベースにしているので，前払金，未払金および支出とは直接関係しない費用，例えば減価償却費や引当金繰入額などの存在を考えると，現金主義は期間損益を正しく示していないとして現在では採用されていません。期間損益を正しく示すのは，収益や費用のうちある会計期間に発生したものだけを計上すべき，つまり発生主義によるべきであり，かつ費用と収益を対応させる必要があります。ただ，収益の認識に発生主義を採用すると，代金が確実に得られないかもしれないという不安があり，この欠点を除くため，現在の会計では，販売によりその対価を受けとる権利ができた時点で収益を認識する実現主義が採用されています。つまり，費用の認識については発生主義，収益の認識については実現主義ということになります。

　費用と収益の対応について，もう少し正確に考えると，売上原価と売上高それぞれの経済的な努力と成果という関係に基づいた対応，つまり製品や商品を販売したときのその原価（売上原価）とその製品・商品の売上高との対応関係は，言い換えると製品・商品を通じた個別対応であ

ると言えます。これに対し，販売費・一般管理費は，売上高の実現した期間に対応させるため，期間対応ということになります。また，受取利息・支払利息，有価証券売却損益などの営業外の収益・費用や，固定資産売却損益，前期損益修正損益[3]などの特別損益についても同様に期間対応と言えるでしょう。

（1） 収益の実現主義

実現主義とは，収益をそれが実現する時点で認識するという考え方です。実現とは，商品やサービスの提供と，それに対応する現金，売掛金や受取手形など現金等価物を取得できる状況になることをいいます。具体的には，①商品を倉庫から出庫したとき（出荷基準），②販売先に商品が到着したとき（引渡基準），あるいは③販売先による商品の検収が終了したとき（検収基準），かつ同時に取引先から会社に対し代金支払いの義務がおおむね確定する時点で，収益の実現を認識します。

（2） 費用の発生主義

発生主義とは，費用を発生の時点で認識するという考え方であり，発生とは，商品やサービスを使用または利用した時点で認識するもので，現金の支払いの有無を問いません。

---

(3) 前期損益修正損益は，前期以前の経理の誤りが当期で発見され，修正された損益をいう。発見され，修正された事実が当期なので，期間対応と考える。

4　経 過 勘 定

　経過勘定とは，契約によって継続してサービスの提供を受けるとき，または提供を行うとき，正しい期間損益計算を行うために必要な勘定であり，実際の現金収支の時期とは関係なく，サービスの効果のある期間に費用や収益を配分します。経過勘定には，前払費用，未払費用，前受収益，未収収益の4勘定があります。

(1)　会社がサービスなどを購入する場合

　前払費用とは，契約で継続してサービスを受ける場合に，サービスを受ける前に支払う支払額のことをいい，資産に属します。これに対し，前払金は，商品を受け取る前，あるいはまだサービスを受けていない時点で支払った代金のことで，文字どおり前払いした金額であり，資産ということになります。つまり，前払費用は前払金のうち「継続した取引」と「サービスを受けること」という2条件が加わったものです。

　未払費用とは，契約で継続してサービスを受ける場合，既にサービスを受けたにもかかわらず，まだ支払っていない代金のことを言い，負債に属します。これに対し未払金は商品を受け取ったとき，あるいはすでにサービスを受けた時点で，まだ支払っていない代金であり，負債ということになります。未払費用は未払金のうち，「継続した取引」と「サービスを受けること」という2条件が加わったものです。

(2) 会社がサービスなどを販売する場合

　前受収益とは，契約で継続的にサービスを提供する場合，まだサービスを提供していないのに支払いを受けた代金であり，負債ということになります。これに対し，前受金は商品を引き渡す前，あるいはまだサービスを提供する前なのに支払を受けた代金であり，負債のことをいいます。前受収益は，前受金のうち「継続した取引」と「サービスの提供」という2条件が加わったものです。

　未収収益とは，契約で継続的にサービスを提供する場合，既にサービスを提供したにもかかわらず支払を受けていない代金であり，資産ということになります。これに対し，未収金は商品を引き渡した，あるいはサービスを提供したにもかかわらず，まだ支払いを受けていない代金であり，資産のことをいいます。未収収益は，未収金のうち「継続した取引」と「サービスの提供」という2条件が加わったものです。

 5　減　価　償　却

　減価償却とは，時間の経過や使用により価値が減少する固定資産について，取得するための支払額をその利用できる期間，つまり耐用年数に応じて費用計上していく会計処理のことをいいます。一方，土地のように時間の経過や使用により価値が減少しない固定資産については，減価償却を行いません。

　減価償却の会計処理では，固定資産の取得のためにかかった支払額のすべてをその期で費用とするのではなく，収益を得るために利用した期間に応じて減価償却費を計上しなければなりません。減価償却の処理を行うことで会社の業績を正しく把握することが可能となります。

（1）　会計処理の方法

　減価償却の会計処理をする場合には，以下のとおり減価償却費を固定資産から直接減少させる方法（直接法という）と減価償却費を累積させて表示する方法（間接法という）の二通りがあります。

　これらの方法を仕訳で示すと以下のようになります。

①　直　接　法

```
　　　　　　（借方）　　　　　　　　　　　　（貸方）
　減価償却費　　　×××　／　固定資産　　　×××
```

　この方法では，毎期減価償却費が計上されるので，固定資産の帳簿価額はこの減価償却費相当額だけ毎期減少することになります。

②　間　接　法

```
　　　　　　（借方）　　　　　　　　　　　　（貸方）
　減価償却費　　　×××　／　減価償却費累計額　　　×××
```

　この方法では，毎期減価償却費が計上されますが，固定資産の帳簿価額そのものは変更になりません。その代わり，固定資産のマイナス

金額としての減価償却累計額が減価償却費相当額だけ毎期増えること
になります。

（2） 減価償却費の計算方法

　建物や機械装置などは，価値の減少が一定期間でどのくらいの金額に
相当するかを調査により確定するのは難しいことです。そのために，価
値は一定の法則で減少すると仮定して，減価償却費の計算をすることに
しています。また，耐用年数も正確に計算することが困難であり，その
ため税法で定められた法定耐用年数を会社の会計においても利用する例
がほとんどであると言っても過言ではありません。また，法定耐用年数
が終了した時点で残る固定資産の価値を計算するのも困難なので，平成
19年3月31日以前は税法上，残存価額を10％としていました。その後，
平成19年の法改正により，残存価値を備忘価額である1円にまで下げて
います。
　減価償却費の計算方法には主に定額法と定率法の2種類の方法があり
ます。

① 定　額　法

　減価償却の対象となる固定資産の購入代金（A）を耐用年数期間
（m）にわたり同額ずつ減価償却していく方法です。耐用年数の終了
で通常購入代金の10％の残存簿価または備忘価額1円が帳簿価額
（B）として残ると仮定して計算することになります。そのため，第
n期の減価償却費（Dn）は次の算式で計算されます。

$$Dn = \frac{A - B}{m} \ (=-定)$$

（注）　減価償却資産の残存価額は，購入時期が平成19年の法改正前
の場合購入代金の10%，同じく法改正後で備忘価額１円である。

これを図で示すと次のようになります。

図47　定　額　法

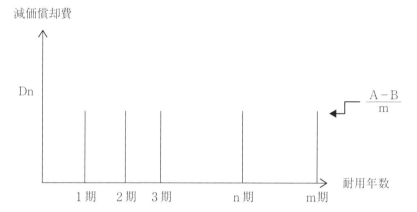

②　定　率　法

固定資産取得が期首に行われ，購入代金をＡとすると，その期（第
１期とする）の減価償却費D_1は，購入代金Ａにあらかじめ決められ
た一定の償却率rを乗ずることにより，つまり$D_1 = A \times r$により計算
することができます。翌期（第２期）の減価償却費はその未償却残高
$[A - D_1 = A(1 - r)]$に，第１期と同様一定率rを乗じ減価償却費
$[A(1 - r) \times r]$を計算します。それゆえ未償却残高は$A(1 - r) - A$
$(1 - r) \times r = A[1 - r]^2$となり，以後，この減価償却費の計算は耐用
年数（m）に達するまで行われます。第ｎ期の未償却残高は$A \times [1 -$

r]ⁿであり，その期首はA×[1－r]ⁿ⁻¹となるので，減価償却費Dnは算式で示すと次のようになります。

$$D_n = A \times [1 - r]^{n-1} \times r$$

これを図で示すと次のようになります。

図48　定　率　法

減価償却費（購入代金A・償却率r）

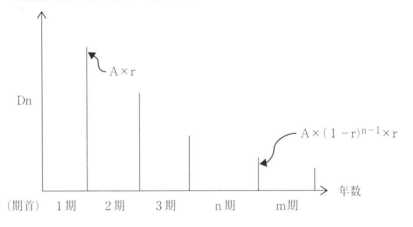

固定資産の取得価額はAであり，第m期における未償却残高，つまり残存価額をBとすると，Bは次の式で表されます。

$$B = A[1 - r]^m$$

なお，定率法では，年々減価償却費が小さくなり，残存価額が１円になるまでかなりの年数を要します。そこで，減価償却費が一定の金額（償却保証額）を下回るとき，その年の期首未償却残高（改定取得価額）に新しい償却率（改定償却率）を乗ずることで減価償却費を計算し，以下，同様の計算となります。

　なお，税法では建物，建物付属設備，構築物など一部の固定資産は
定率法が認められず，原則として定額法によることとされています。

(3)　法定耐用年数

　減価償却の対象となる固定資産については，税法でその資産ごとに耐
用年数が細かく定められています。これは，固定資産の取得価額を収益
が得られる期間で分割して，各期に費用計上することを目的として規定
されています。先に述べたとおり，各資産の耐用年数を見積もることは
極めて難しいので，見積もりの耐用年数に代えてこの法定耐用年数を用
いることが一般的です。

⑥　引　当　金

　国語辞書によると，引き当て（ひきあて）は「①かた。抵当。②将来
の特定の支出または損失のために資金を用意すること③（省略）」(4)を意
味しています。

　会計でいう引き当ては引当金という言葉で用いられ，意味も厳密に定
義されています。つまり，費用（または損失）に関し，その原因の発生
した時点（当期）と費用の金額確定の時点にズレが生じる場合に，当期
に費用とこれに対応する同額の負債を計上することで，収益と費用を対

---

(4)　『広辞苑〔第五版〕（第1刷）』　新村出編　2226ページ。

応させて当期の正しい利益（または損失）を計算できるようにします。
その負債のことを引当金，対応する費用のことを引当金繰入額といいます。

　具体的に仕訳で示すと次のようになります。

$$
\begin{array}{ccccc}
(借方) & & & (貸方) & \\
引当金繰入額 & \times\times\times & / & 引　当　金 & \times\times\times
\end{array}
$$

　この引当金の計上にはつぎの3条件を満たすことが必要です。

i ）　将来の費用（または損失）の<u>原因がすでに発生</u>していること

ii ）　将来の費用（または損失）の<u>発生の可能性が高</u>いこと

iii ）　将来の費用（または損失）の<u>金額を合理的に見積もること</u>ができること

①　賞与引当金

　例えば，3月末日を決算日とする会社の社員に対し，当期下半期である前年10月1日から当年3月末日までの勤務を対象として，来期の当年6月10日に賞与を支払うことにしているとします。この場合，前年10月1日から当年3月末日まで勤務したという事実があり，賞与支払いの原因が発生しているので，i ）の条件を満たしています。また，過去に毎年6月10日に賞与が支払われており，当年も同様の予定なので，ii ）の条件も満たしています。6月10日の賞与支払いが基本給の何カ月分としてあらかじめ決められており，この前提のもとで人事評価の結果などを賞与に反映させるような場合は，支給額を合理的に見積もることができるので，iii ）の条件も満たしていることになります。

　期間や期日の状況を図示すると次のようになります。

図49　賞与引当金

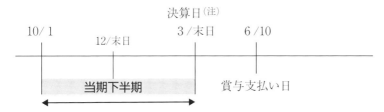

(注)　当期下半期に対応した賞与として6月10日に支払予定の金額を，
　　　決算日である3月末日に賞与引当金として計上する。

　この結果，3月末日に次のような仕訳が行われ，当期の決算に反映
されることになります。

```
　　　　　（借方）　　　　　　　　　　　（貸方）
賞与引当金繰入額　　×××　／　賞 与 引 当 金　　×××
```

　つまり，借方の賞与引当金繰入額は費用として損益計算書に，貸方
の賞与引当金は負債として貸借対照表に記載されることになります。
　この決算が終わり，6月10日になると賞与の支払いが行われます。
例えば，上記仕訳の×××の金額が5,000千円であり，実際の支払い
は5,300千円だったとすると，この時の仕訳は次のようになります。

```
　　　　　（借方）　　　　　　　　　　　（貸方）
賞 与 引 当 金　　5,000　／　現　預　金　　5,300
賞　　　与　　　　 300　／
```

　この仕訳からわかるように，6月10日の時点で賞与引当金5,000千
円は相殺され，この期の費用として賞与300千円のみ計上されること
になります。つまり，5,000千円は前期の費用として計上されている
ので，当期に賞与5,300千円が支払われても，その費用の内訳は前期

5,000千円，当期300千円と配分されます。なお，引当金にはこのほか次のようなものがあります。

② 貸倒引当金

貸倒引当金とは，受取手形や売掛金，貸付金などの金銭債権の貸し倒れに備えて計上する負債で，同時に貸倒引当金繰入額という費用が計上されます。なお，貸し倒れとは得意先の倒産などで，受取手形や売掛金・貸付金が回収できなくなることをいいますが，その回収ができないリスクに備えて計上するのが貸倒引当金ということになります。なお，得意先が法律上破産などで倒産したり，資産状況や支払い能力からみて金銭債権の回収ができないことが明らかになったりした場合には，その債権を帳簿から消し去るため貸倒損失を計上します。この場合は，次のような仕訳となり，金銭債権は消去されてなくなります。

```
      （借方）              （貸方）
 貸 倒 損 失   ×××  ／  金 銭 債 権   ×××
```

これに対し，貸倒引当金繰入額（相手勘定は貸倒引当金）は，回収ができない恐れのある金銭債権を対象として費用として計上するものです。この場合は，次のような仕訳となり，金銭債権はそのまま帳簿に残ることになります。

```
      （借方）                  （貸方）
 貸倒引当金繰入額   ×××  ／  貸 倒 引 当 金   ×××
```

③ 製品保証引当金

製品保証引当金とは，当期に販売した製品や商品に不具合が生じた

際に，顧客に対し無償で取り替えや修理を保証する旨の契約をしている場合に，その製品等の修理や交換により生じる支出に備えて負債として計上されるものです。相手勘定は製品保証引当金繰入額という費用になります。

④　修繕引当金・特別修繕引当金

修繕引当金とは，工場の機械装置などの修繕が今後も継続的に必要になる場合に，将来の修繕のための費用に備えて計上する負債です。相手勘定は修繕引当金繰入額という費用になります。通常は，当期中にすでに修繕しなければならない状況にも拘わらず，修繕が翌期以降となる場合に，その支出に備えて計上されます。

なお，数年に一度の定期的な大規模修繕に備えるため，当期の費用に属する金額として計上される引当金は，特別修繕引当金といいます。

⑤　退職給付引当金

退職給付引当金とは，会社の退職金規定に基づき，従業員の将来の退職に際して支払われる退職金の支出に備えて計上される負債で，相手勘定は退職給付引当金繰入額という費用になります。なお，将来従業員が退職する際の退職金の支出のことを退職給付債務といいますが，これは将来見込まれる退職金の支払総額のうち，当期までに発生していると認められる部分を現在価値に割り引いた金額ということになります。

また，年金資産は，会社と従業員との契約である退職金規定に基づき，従業員への退職金支払いのためだけに使用することを目的にして企業外部に積み立てられた資産であり，この資産がある場合，当期の退職給付引当金繰入額は，退職給付債務から年金資産を差し引いた金

額になります。

7 　税効果会計

　会社の営利活動によって得られた当期純利益に対して課される税金，つまり法人税等を，当期と次期以降に配分することによって，税引前当期利益と法人税等の税金費用を適正に対応させる会計上の手続きを「税効果会計」といいます。この結果，計算される当期純利益は正しい期間損益として，ステークホルダーの判断に資することができるとされています。

(1)　税効果会計を適用しない場合の損益計算書

　収益を3,000，費用を2,000とすると税引前当期利益はこれらの差額の1,000となります。法人税等の税率(5)は税引前当期利益に税務上の調整をした額である課税所得の35％と仮定します。費用2,000のうち減損損失が500含まれているとすると，この損失は会計上の費用となりますが，税法上は課税所得を減少させる損失（損金）とはならないので税引前当期利益1,000と減損損失500の合計額1,500が課税所得となり，これに35％の税率を乗ずることで納付すべき法人税等が計算されます。

---

(5)　会社に課される実質的な税金負担率のことを実効税率と言い，具体的には法人税，住民税および事業税の合計の法人所得に対する税率である。以下，税率という場合には実効税率を意味する。

```
収        益   3,000
費        用   2,000
（うち，減損損失＝   500）
税引前当期利益   1,000
法人税等       525⁽⁶⁾
当期純利益      475
```

　この場合，法人税等の税引前当期利益に対する割合は，52.5％（＝525÷1,000）となり，税率35％と異なるので，税引前当期利益と法人税等との対応関係が明らかになりません。

（2）税 金 計 算

　前項(1)で計算した法人税等は，申告書の形式で示すと次のようになります。

```
税引前当期利益   1,000
加算　減損損失    500
課 税 所 得   1,500
法人税等（税率35％）   525
```

（3）税効果会計を適用する場合の損益計算書

　会計上の税金は，税引前当期利益1,000に実効税率35％を乗じ350と計算されます。しかし，実際の納税額は525なので，差額の175（＝525－

(6)　525＝1,500（＝税引前当期利益1,000＋減損損失500）×35％

350）は税金の前払いということになります。この前払税金（または，将来において税金の支払いを要求されない権利）のことを繰延税金資産と呼び，貸借対照表に計上するとともに，法人税等の修正のため，つまり法人税等から差し引かれる法人税等調整額175を次のように損益計算書に計上します。

```
収        益    3,000
費        用    2,000
（うち，減損損失＝    500）
税引前当期利益    1,000
法 人 税 等     525 ⎤
法人税等調整額    △175 ⎦(7)
              350
当期純利益      650
```

　この結果，法人税等の税引前当期利益に対する割合は35％〔＝（525－175）÷1,000〕となり，税率35％に一致することになります。なお，この場合の法人税等調整額は法人税等の控除項目であり，繰延税金資産との関係では次のような仕訳となります。

```
　　　　（借方）　　　　　　　　　　（貸方）
繰延税金資産      175  ／  法人税等調整額      175
```

(7)　税金費用は350（＝525－175）となる。

8　よく話題となる会計処理

(1)　減損会計

　企業が所有している固定資産のうち，その固定資産による収益力が経済環境の変化などで取得時に予定していたとおりにならず，収益力が下がることもあります。このような収益力の低下により，固定資産に対する投資額の回収が見込めなくなったとき，その投資額のうち回収可能なキャッシュを反映させるため，帳簿価額を回収可能額まで減額し損失を計上する会計処理のことを「減損会計」といいます。

　回収可能額とは，その固定資産を売却して得られる価額から関連経費を控除した正味売却可能額と，今後の使用で得られるとされる将来キャッシュフローの現在価値の，いずれか高いほうの金額をいいます。

(2)　のれんの償却

　ある会社が別の会社を買収した時，その買収価額が買収された会社の純資産の額を上回るとき，その上回った額を「のれん」といいます。なお，純資産は資産より負債を差し引いた金額となりますが，この場合の資産および負債は時価で評価されます。

のれんは無形固定資産であり，その効果の及ぶ期間(8)にわたり規則的な償却をすべきという考え方と，規則的な償却は行わずのれんの価値が損なわれた時に，その損なわれた部分を損失計上，つまり減損処理する考え方があります。前者は，わが国会計基準の立場であり，後者は国際会計基準の立場です。

グループ会社は
ひとつの会社

Ⅰ　会社はビジネスパーソンの集団で営利
　　を目的とする継続企業

Ⅱ　簿記は会計の出発点

Ⅲ　会計の道しるべは適正な期間損益

Ⅳ　グループ会社はひとつの会社

1 グループ会社の連結決算

　グループ会社全体を一つの会社として決算書を作成するための決算の
ことを「連結決算」といいます。この場合，親会社と子会社はあたかも
一つの会社における本店と支店のような関係ですから，本支店間の取引
同様，グループ間の取引は内部取引ということになり，これらは相殺し
消去する必要があります。

　内部取引の消去には次のようなものがあります。

　　(1)　投資と資本の消去

　　(2)　債権と債務の消去

　　(3)　取引高の消去

　　(4)　未実現利益の消去

(1)　投資と資本の消去

　グループ会社である親会社と子会社の関係において，親会社は子会社
株式を取得しますが，その代わり子会社に出資という形で現預金を移し
ます。一方，子会社はその現預金を受け入れて資本金としています。こ
こで，親会社と子会社は1つの会社とみなすわけですが，現預金は親会
社でマイナス，子会社でプラスなので，合算するとゼロになります。し
かし，親会社の資産である子会社株式と，子会社の純資産である資本金
は合算しても消えないので，反対仕訳により消去する必要があります。

つまり，親会社と子会社の貸借対照表はそれぞれ次のA図およびB図のようになっています。

図50　子会社株式と資本金

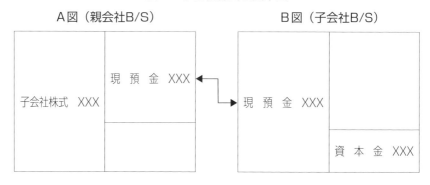

これらA図とB図を合算すると次のC図のようになります。

図51　C図（合算B/S）

そこで，次のような仕訳をすることで，合算された貸借対照表の子会社株式と資本金は消去されなければなりません。

```
        （借方）              （貸方）
  資　本　金　　×××　／　子会社株式　　×××
```

（2）　債権と債務の消去

　親会社と子会社間の取引によって生じた一方の債権と，それに対応する他方の債務は合算しても消えないので，これらを消去します。

　この取引が営業活動であれば，受取手形や売掛金などの債権と支払手形や買掛金などの債務を相殺し，財務活動であれば貸付金などの債権と借入金などの債務を相殺することになります。

　例えば，親会社が子会社に商品を販売したとき，子会社が代金の支払として親会社に手形を振り出したとします。この場合，親会社が受取手形をもらい子会社が支払手形を振り出したということになるため，合算すると次の図52のような合算B／Sとして図示できます。

図52　合算B/S

受取手形　XXX	支払手形　XXX

　そこで，次のような仕訳で受取手形と支払手形を消去します。

```
        （借方）                （貸方）
 支 払 手 形    ×××  ／  受 取 手 形    ×××
```

167

(3) 取引高の消去

　親会社と子会社間の取引によって生じた収益とこれに対応する費用は，合算しても消えないので消去しなければなりません。この取引が営業活動であれば①売上高と売上原価，営業外活動であれば，例えば②受取利息と支払利息のように，それぞれ消去します。

　これらを仕訳で示すと次のようになります。

```
        （借方）              （貸方）
①売  上  高   ×××  ／  売 上 原 価   ×××
②受 取 利 息   ×××  ／  支 払 利 息   ×××
```

(4) 未実現利益の消去

　親会社が子会社に商品を販売し，その商品を子会社がグループ外に販売するものの，一部が在庫として残ったとします。子会社のその在庫には，親会社が購入した代金に子会社へ販売したときの利益相当額が含まれており，この利益相当額のことを実現していない利益，つまり未実現利益と言っています。この未実現利益はグループ内の内部取引により発生した利益ですから，商品在庫から未実現利益を消去することが必要となります。その消去のための仕訳は次のようになります。

```
          （借方）                （貸方）
売 上 原 価    ××× ／ 商      品    ×××
```

 # 2 | 取引と未実現利益の具体例とその消去

　ここで具体的な取引事例（次項の(1)では「グループ内のみの販売の場合」，(2)では「グループ外への販売とともにグループ内に一部在庫が残る場合」）により，取引や未実現利益の消去を行い，さらに理解を深めることにします。

(1)　グループ内のみの販売の場合

①　親会社（P社）と子会社（S社）の取引

　P社はS社の100％親会社で，グループ外の会社より，商品を仕入れS社に販売しています。P社とS社の取引は次のとおりです。

　ⅰ）　P社は外部から現金1,000円（10個）で商品を仕入れ，そのすべてを1,200円でS社に現金販売した。

```
P社 仕    入    高    1,000 ／ 現        金    1,000
    現        金    1,200 ／ 売    上    高    1,200

S社 仕    入    高    1,200 ／ 現        金    1,200
```

ⅱ） P社の売上原価は，期末に商品在庫がないので仕入高1,000円
（10個）と同額である。S社は期中の販売がなかったので，P社
から仕入れた商品1,200円すべてが期末在庫となった。

P社	売 上 原 価	1,000	／	仕 入 高	1,000
S社	商 品 在 庫 高	1,200	／	仕 入 高	1,200

②　取引の流れ

①の取引を一連の流れとして図示すると次のようになります。

図53　取引の流れ

③　未実現利益の消去

　S社は期中の販売がないので，P社からの仕入がそのまま期末の商
品在庫（1,200円）となっています。この1,200円の在庫はP社のグ
ループ外からの仕入高1,000円と上乗せされた利益200円からなります。
　結局，P社の仕入れた商品1,000円はグループ外へ販売されていな
いので，グループとして利益200円は実現していません。この200円を
「未実現利益」と言います。
　売上高は1,200円，売上原価は1,000円なので，売上原価を利益相当
額である200円だけ増加させると，売上高と売上原価は1,200円に等し
く，利益は0（ゼロ）となります。そして，売上原価200円の増加は，

S社の在庫を200円減らすことになります。

　この結果，未実現利益をグループの利益から除くためには次の仕訳が必要になります。

```
┌        （借方）                    （貸方）           ┐
│  売　上　原　価        200  ／  商 品 在 庫 高        200 │
└                                                    ┘
```

④　売買取引の消去

　P社の売上高は1,200円，売上原価は期末に商品在庫がないので仕入高と同じ1,000円です。S社の売上高は0（ゼロ）円，P社からの仕入高1,200円がすべて在庫として残っているので売上原価も0（ゼロ）円となります。③のとおり，S社の在庫1,200円のうち未実現利益は200円となります。

　P社とS社の売買取引はグループ内のことであり，グループ外への売上高は0（ゼロ）なので，連結決算ではP社の売上高1,200円とS社の仕入高（売上原価）1,200円を相殺する必要があり，このときの仕訳は次のようになります。

```
┌        （借方）                    （貸方）           ┐
│  売　　上　　高      1,200  ／  売　上　原　価      1,200 │
└                                                    ┘
```

　ここで説明された内容は，図54のように売上高0（ゼロ），売上原価0（ゼロ）であり，利益も0（ゼロ）となります。商品の期末在庫は，未実現利益200円を差し引き，1,000円となります。

図54　グループ内のみの販売

損益

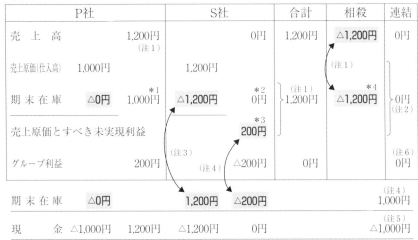

	P社		S社		合計	相殺	連結
売　上　高		1,200円 (注1)		0円	1,200円	△1,200円	0円
売上原価(仕入高)	1,000円		1,200円			(注1)	
期　末　在　庫	△0円	1,000円 *1	△1,200円 *2	0円	(注1) 1,200円	△1,200円 *4	0円 (注2)
売上原価とすべき未実現利益				200円 *3			(注6)
グループ利益	200円	(注3)	(注4)	△200円	0円		0円
期　末　在　庫	△0円		1,200円	△200円			(注4) 1,000円
現　　　　金	△1,000円	1,200円	△1,200円	0円			(注5) △1,000円

（注1）　グループ内の取引につき，グループ売上高1,200円と売上原価（仕入高）1,200円を相殺消去する。この結果，売上高は0円となる。
　　　　　売　上　高　　　　1,200　／　売　上　原　価　　　　1,200
（注2）　グループとしての売上原価は，P社とS社の売上原価とS社の未実現利益合計1,200円（＝P社の1,000円（＊1）＋S社の0円（＊2）＋未実現利益200円（＊3））より，上記（注1）の1,200円（＊4）を差し引くことで0円となる。
（注3）　S社の期末における商品在庫はP社から仕入れたものであり，その金額は1,200円である。
（注4）　期末在庫1,200円に含まれる未実現利益は200円なので，グループとしての期末在庫は1,000円（＝1,200円－200円）となる。
（注5）　グループとして，P社が商品仕入れで外部に1,000円を支払った。S社はP社に商品仕入代金1,200円を支払ったが，S社は外部への売上がなかった。これらの結果，現金は1,000円の減少となる。
（注6）　グループとしての利益は，売上高が0円，売上原価も0円なので，利益は0円となる。

(2)　グループ外への販売とともに　　グループ内に一部在庫が残る場合

①　P社とS社の取引

P社とS社の取引は次のとおりです。

ⅰ）　P社はグループ外から現金1,000円（10個）で商品を仕入れ，
そのすべてを1,200円でS社に現金販売した。

P社	仕　　入　　高	1,000	/	現　　　　　金	1,000
	現　　　　　金	1,200	/	売　　上　　高	1,200
S社	仕　　入　　高	1,200	/	現　　　　　金	1,200

ⅱ）　S社はグループ外へ1個150円で9個（1,350円）を現金販売
した。

S社	現　　　　　金	1,350	/	売　　上　　高	1,350

ⅲ）　P社の売上原価は期末に商品在庫がないので仕入高の1,000円
（10個）に等しくなる。S社の売上原価は，仕入高1,200円より
期末在庫120円〔1個（＝10個－9個）〕を差し引き，1,080円と
なる。

P社	売　上　原　価	1,000	/	仕　　入　　高	1,000
S社	売　上　原　価	1,080	/	仕　　入　　高	1,200
	商　品　在　庫　高	120	/		

② 取引の流れ

①の取引を一連の流れとして図示すると次のようになります。

図55　取引の流れ

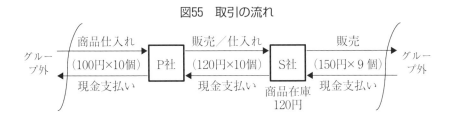

③ 未実現利益の消去

P社は仕入高1,000円（100円×10個）の商品をS社に1,200円（120円×10個）ですべて販売しました。S社はそのうち9個をグループ外に1,350円（150円×9個）で販売しましたが，1個120円は期末の商品在庫となりました。S社の在庫1個120円は，P社の仕入高100円とこれに上乗せされた利益20円からなりますが，グループ外に販売されていないので，グループ利益20円は実現していません。この20円は未実現利益です。

ここに，このP社からS社への商品1個の売上高は120円，売上原価は100円なので売上原価を利益相当額の20円だけ増加させると，売上高と売上原価はともに120円となり，利益は0（ゼロ）となります。そして，売上原価20円の増加は，S社の在庫を20円減らすことになります。そこで，未実現利益をグループの利益から除くためには次の仕訳が必要になります。

$$
\begin{array}{c}
\text{（借方）} \qquad\qquad \text{（貸方）} \\
\text{売　上　原　価} \quad 20 \quad／\quad \text{商　品　在　庫　高} \quad 20
\end{array}
$$

④　売買取引の消去

　P社の売上高は1,200円，売上原価は期末に商品在庫がないので仕入高と同じ1,000円です。S社の売上高は1,350円，売上原価は1,080円（＝P社からの仕入高1,200円－期末在庫120円）となります。③のとおり，S社の在庫120円のうち未実現利益は20円となります。

　連結決算にあたっては，グループ内の取引であるP社の売上高1,200円とS社の仕入高（売上原価）1,200円を相殺消去する必要があり，このときの仕訳は次のようになります。

$$
\begin{array}{c}
\text{（借方）} \qquad\qquad \text{（貸方）} \\
\text{売　　上　　高} \quad 1,200 \quad／\quad \text{売　上　原　価} \quad 1,200
\end{array}
$$

　最終的に，連結決算では，図56のように売上高1,350円，売上原価900円であり，利益は450円となります。商品の期末在庫は，未実現利益20円を差し引き，100円となります。

175

図56　グループ内・グループ外への販売

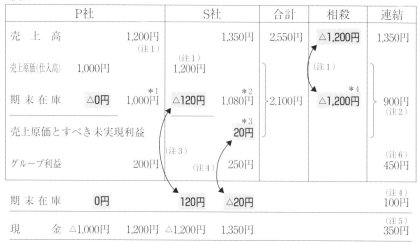

損益

	P社		S社		合計	相殺	連結
売　上　高		1,200円 (注1)		1,350円	2,550円	△1,200円 (注1)	1,350円
売上原価(仕入高)	1,000円		(注1) 1,200円				
期　末　在　庫	△0円	1,000円 *1	△120円	1,080円 *2	2,100円	△1,200円 *4	900円 (注2)
売上原価とすべき未実現利益				20円 *3			
グループ利益	200円 (注3)		(注4)	250円			(注6) 450円
期　末　在　庫	0円		120円	△20円			(注4) 100円
現　　　金	△1,000円	1,200円	△1,200円	1,350円			(注5) 350円

（注1）　グループ内の取引につき，売上高と売上原価（仕入高）を相殺消去する。

　　　　　売　上　高　　1,200　/　売　上　原　価　　1,200

（注2）　グループとしての売上原価は，P社とS社の売上原価とS社の未実現利益合計2,100円（＝P社の1,000円（＊1）＋S社の1,080円（＊2）＋20円（＊3））より相殺の売上原価1,200円（＊4）を差し引き900円となる。

（注3）　S社の期末における商品在庫は120円なので，売上原価は仕入高1,200円より期末在庫120円を差し引き，1,080円（＊2）となる。

（注4）　期末在庫1個120円に含まれる未実現利益は20円なので，グループとしての期末在庫は100円（＝120−20）となる。同時に在庫20円の減少分は売上原価の増加となる。

（注5）　P社が外部から商品を1個100円で10個仕入れ，商品代金1,000円を現金で支払った。S社はP社より商品10個を仕入れ，代金1,200円をP社に現金で支払ったが，その後外部に1個150円で9個販売し，現金1,350円を受けとった。これらの結果，現金は350円（＝−1,000＋1,200−1,200＋1,350）の増加となった。

（注6）　グループとしての利益450円は，売上高1,350円より売上原価900円（注2）を差し引くことで計算される。また，このグループとしての利益450円はP社のグループ利益200円とS社のグループ利益250円の合計でもある。

3　親会社（P社）・子会社（S社）の取引事例

　親会社となるP社が全額出資して子会社S社を設立し，その後両社間で取引を行ったケースについて検討します。まずP社の前期末（当期首）の貸借対照表は，次のとおりとします。

図57　P社貸借対照表

2xx1年3月31日現在　　　　　　　　（単位：千円）

（資産）		（負債）	
現　預　金	30,000	負　　　債	17,500
商　　品(注)	7,500		
その他の資産	80,000		
		（純資産）	
		資　本　金	100,000
計	117,500	計	117,500

（注）　商品は1個当たり15,000円で購入し，その在庫は500個である。

4　取引と仕訳

　2xx1年4月1日から2xx2年3月31日までのP社およびS社の取引とそれに伴う仕訳を行います（仕訳は千円単位とし，以下同様とします）。

	P社		S社

P1：1,000千円の現金出資で
　　子会社設立

```
   （借方）           （貸方）
子会社株式　1,000 ／ 現 預 金　1,000
```

S1：P社を親会社として資本金
　　1,000千円のS社設立

```
   （借方）           （貸方）
現 預 金　1,000 ／ 資 本 金　1,000
```

P2：グループ外から商品1,000個を
　　現金にて仕入れ，代金は18,000
　　千円（18,000円／個）

```
   （借方）           （貸方）
仕 入 高　18,000 ／ 現 預 金　18,000
```

P3：商品200個を掛にてS社に5,000
　　千円（25,000円／個）で販売

```
   （借方）           （貸方）
売 掛 金　5,000 ／ 売 上 高　5,000
```

S2：商品200個を掛にてP社より
　　5,000千円で仕入れ

```
   （借方）           （貸方）
仕 入 高　5,000 ／ 買 掛 金　5,000
```

P4：商品1,100個を現金にてグルー
　　プ外に27,500千円（27,500円／個）
　　で販売

```
   （借方）           （貸方）
現 預 金　27,500 ／ 売 上 高　27,500
```

S3：商品150個を現金にてグルー
　　プ外へ4,050千円（27,000円／個）
　　で販売

```
　　（借方）　　　　　　　（貸方）
現　預　金　4,050 ／ 売　上　高　4,050
```

P5：売上原価の計算

　　期首の商品数は500個，金額で
7,500千円（1個当たり15,000円）
であった。期末の商品棚卸によ
ると，商品数は200個であった。
P2により商品1,000個を18,000
千円（18,000円／個）で仕入れ
ている。

	個数(個)	金額(千円)	単価(円／個)
期首	500	7,500	15,000
仕入	1,000	18,000	18,000
計	1,500	①25,500	17,000 (注)
期末	200	② 3,400	17,000

$$売上原価 = ① - ②$$
$$= 25,500 - 3,400$$
$$= 22,100千円$$

（注）　$17,000 = \dfrac{15,000 \times 500 + 18,000 \times 1,000}{500 + 1,000}$

　　この単価の計算（評価）方法
を平均法という。この結果，期
末棚卸額は3,400千円（＝17,000
×200）となるので，売上原価は
上記のとおり22,100千円となる。

　　期首商品在庫の7,500千円を仕
入高に転記すると，期中の仕入
高は18,000千円なので仕入高合計
は25,500千円となる。
　　期末に計算された売上原価は
22,100千円，商品在庫は3,400千

円であり，次の仕訳が必要になる。

```
     （借方）          （貸方）
仕 入 高  7,500  ／ 商    品  7,500
```

```
     （借方）          （貸方）
売 上 原 価  22,100  ／ 仕 入 高  25,500
商    品   3,400  ／
```

S 4 ：売上原価の計算

期末の商品棚卸によると50個であった。

	個数(個)	金額(千円)	単価(円／個)
期首	0	0	0
仕入	200	5,000	25,000
計	200	①5,000	25,000
期末	50	②1,250	25,000

売上原価＝①－②

$$=5,000-1,250$$

$$=3,750 千円$$

また，期末棚卸額は1,250千円（＝25,000×50）となる。

P社と同様に考えると，期首の商品在庫は0（ゼロ），期中の仕入高は5,000千円であるが，期末には売上原価は3,750千円，商品在庫は1,250千円であり，次の仕訳が必要になる。

```
     （借方）          （貸方）
売 上 原 価  3,750  ／ 仕 入 高  5,000
商    品   1,250  ／
```

5 　総勘定元帳

　P社およびS社の取引をそれぞれの総勘定元帳に転記すると次のように
なります。なお，転記にあたってはP社については取引の番号（P1
～P5）を，S社についても同じく（S1～S4）を記載することで総勘
定元帳間の対応を示すことにします。また，各勘定からB／S残高勘定
およびP／L残高勘定への転記は，P社ではi）～ix）の番号を，S社
ではi）～vi）の番号を各々対応させることにします。

（1）　親会社（P社）について

① 　総勘定元帳P社の仕訳を次のように記載します。

	（借方）		（貸方）	
P1	子会社株式	1,000 ／	現預金	1,000
P2	仕入高	18,000 ／	現預金	18,000
P3	売掛金	5,000 ／	売上高	5,000
P4	現預金	27,500 ／	売上高	27,500
P5	仕入高	7,500 ／	商品	7,500
P5	売上原価	22,100 ／	仕入高	25,500
	商品	3,400 ／		

次に，仕訳帳の仕訳を総勘定元帳に転記します。

現預金

期	首	30,000	P1 子会社株式		1,000
P4 売上高		27,500	P2 商　品		18,000
			i）B／S		38,500
		57,500			57,500

負債

vi）B／S	17,500	期	首	17,500

仕入高

P2 現預金	18,000	P2 諸　口	25,500
P5 商　品	7,500		
	25,500		25,500

商品

期	首	7,500	P5 仕入高	7,500
P5 仕入高		3,400	ii）B／S	3,400
		10,900		10,900

資本金

vii）B／S	100,000	期	首	100,000

その他の資産

期	首	80,000	iii）B／S	80,000

売上高

viii）P／L	32,500	P3 売掛金	5,000
		P4 現預金	27,500
	32,500		32,500

子会社株式

P1 現預金	1,000	iv）B／S	1,000

売上原価

P5 諸　口	22,100	ix）P／L	22,100

売掛金

P3 売上高	5,000	v）B／S	5,000

② P社のB／S残高勘定への転記

　P社のB／S残高勘定への転記のための仕訳を次に記載し，B／S残高勘定を完成させます。

	（借方）			（貸方）	
ⅰ）	Ｂ／Ｓ残高	38,500 ／	現　預　金	38,500
ⅱ）	Ｂ／Ｓ残高	3,400 ／	商　　　品	3,400
ⅲ）	Ｂ／Ｓ残高	80,000 ／	その他の資産	80,000
ⅳ）	Ｂ／Ｓ残高	1,000 ／	子会社株式	1,000
ⅴ）	Ｂ／Ｓ残高	5,000 ／	売　掛　金	5,000
ⅵ）	負　　　債	17,500 ／	Ｂ／Ｓ残高	17,500
ⅶ）	資　本　金	100,000 ／	Ｂ／Ｓ残高	100,000

P社 B／S残高

ⅰ)	現預金	38,500	ⅵ)	負　債	17,500
ⅴ)	売掛金	5,000	ⅰ)	資本金	100,000
ⅱ)	商　品	3,400		当期純利益	10,400
ⅳ)	子会社株式	1,000			
ⅲ)	その他資産	80,000			
		127,900			127,900

③ P社のP／L残高勘定への転記

P社のP／L残高勘定への転記のための仕訳を次に記載し，P／L残高勘定を完成させます。

（借方）　　　　　　　　　　（貸方）

ⅷ）　売　上　高　32,500　／　P／L残高　32,500

ⅸ）　P／L残高　22,100　／　売　上　原　価　22,100

P社　P／L残高

ⅸ) 売上原価	22,100	ⅷ) 売上高	32,500
当期純利益	10,400		
	32,500		32,500

(2) 子会社（S社）について

① 総勘定元帳

S社の仕訳を次のように仕訳帳に記載します。

（借方）　　　　　　　　　　（貸方）

S1	現　預　金	1,000	／	資　本　金	1,000
S2	仕　入　高	5,000	／	買　掛　金	5,000
S3	現　預　金	4,050	／	売　上　高	4,050
S4	売上原価	3,750	／	仕　入　高	5,000
	商　　品	1,250	／		

次に，仕訳帳の仕訳を総勘定元帳に転記します。

	現預金							資本金			
S2	資本金	1,000	ⅰ)	B／S	5,050		ⅲ)	B／S	1,000	S1 現預金	1,000
S3	売上高	4,050									
		5,050			5,050						

	仕入高				
S2	買掛金	5,000	S4 諸　口		5,000

	商品							買掛金			
S1	仕入高	1,250	ⅱ)	B／S	1,250		ⅳ)	B／S	5,000	S2 仕入高	5,000

	売上原価							売上高			
S4	仕入高	3,750	ⅴ)	P／L	3,750		ⅵ)	P／L	4,050	S3 現預金	4,050

②　S社のB／S残高勘定への転記

S社のB／S残高勘定への転記のための仕訳を記載し，B／S残高勘定を完成させます。

　　　　　　　　　　　（借方）　　　　　　　　（貸方）

ⅰ)　B／S残高　　5,050　／　現　預　金　　5,050

ⅱ)　B／S残高　　1,250　／　商　　　品　　1,250

ⅲ)　買　掛　金　　5,000　／　B／S残高　　5,000

ⅳ)　資　本　金　　1,000　／　B／S残高　　1,000

S社 B／S残高

i) 現預金	5,050	iii) 買掛金	5,000
ii) 商品	1,250	iv) 資本金	1,000
		当期純利益	300
	6,300		6,300

③ S社のP／L残高勘定への転記

S社のP／L残高勘定への転記のための仕訳を次に記載し，P／L残高勘定を完成させます。

	（借方）			（貸方）	
v)	P／L残高	3,750	／	売上原価	3,750
vi)	売上高	4,050	／	P／L残高	4,050

S社 P／L残高

v) 売上原価	3,750	vi) 売上高	4,050
当期純利益	300		
	4,050		4,050

6 各社の貸借対照表と損益計算書の作成

P社およびS社のB／S残高，P／L残高を整理すると，次のように各社の貸借対照表と損益計算書が出来上がります。

（1）　P社の貸借対照表と損益計算書

　P社のB／S残高勘定より貸借対照表を作成すると，次の図58のようになります。

図58　P社貸借対照表

2xx2年３月31日現在　　　　　　　　　（単位：千円）

（資産）		（負債）	
現　預　金	38,500	負　　　債	17,500
売　掛　金	5,000		
商　　　品	3,400		
子会社株式	1,000	（純資産）	
その他の資産	80,000		
		資　本　金	100,000
		当期純利益	10,400
計	127,900	計	127,900

　P社のP／L残高勘定より損益計算書を作成すると，次の図59のようになります。

図59　P社損益計算書

2xx1年４月１日から2xx2年３月31日まで　　（単位：千円）

（費用）		（負債）	
売　上　原　価	22,100	Ｓ　社　売　上　高	5,000
		外　部　売　上　高	27,500
（純資産）			
当　期　純　利　益	10,400		
計	32,500	計	32,500

　なお，売上高32,500千円は，Ｐ３のＳ社向け売上高5,000千円とＰ４の外部売上高27,500千円からなります。

（2）　Ｓ社の貸借対照表と損益計算書

　Ｓ社のＢ／Ｓ残高勘定より貸借対照表を作成すると，次の図60のようになります。

図60　S社貸借対照表

2xx2年 3 月31日現在　　　　　　　　（単位：千円）

（資産）			（負債）		
現　預　金	5,050		買　掛　金	5,000	
商　品	1,250				
			（純資産）		
			資　本　金	1,000	
			当 期 純 利 益	300	
計	6,300		計	6,300	

　S社のP／L残高勘定より損益計算書を作成すると，次の図61のようになります。

図61　S社損益計算書

2xx1年 4 月 1 日から2xx2年 3 月31日まで　　　（単位：千円）

（費用）			（収益）		
売 上 原 価	3,750		売　上　高	4,050	
（利益）					
当 期 純 利 益	300				
計	4,050		計	4,050	

　なお，売上高4,050千円は，S 3 の外部売上高4,050千円です。

7　内部取引の消去

　P社とS社の決算書を連結して，連結貸借対照表（Consolidated B／S）および連結損益計算書（Consolidated P／L）を作成するためには，先に述べたとおり内部取引の消去が必要になります。

　内部取引消去の仕訳は次のとおりです。

①　P社子会社株式・S社資本金の消去

　P社がS社に1,000千円の現金出資をした場合には，次のようにP社の子会社株式とS社の資本金を消去します。

```
　　　　　　（借方）　　　　　　　　　　　　（貸方）
　資　　本　　金　　　1,000　／　子 会 社 株 式　　　1,000
```

②　P社債権・S社債務の消去

　P社の売掛金5,000千円とS社の買掛金を次のように消去します。

```
　　　　　　（借方）　　　　　　　　　　　　（貸方）
　買　　掛　　金　　　5,000　／　売　　掛　　金　　　5,000
```

③　P社・S社間取引の消去

　P社の売上高5,000千円とS社の売上原価5,000千円を次のように消去します。

```
          （借方）                    （貸方）
売  上  高      5,000  ／  売 上 原 価    5,000
```

④　Ｓ社在庫50個の未実現利益の消去

　Ｐ社が商品１個をＳ社に販売した場合，Ｐ社の仕入れ値が17,000円，売り値が25,000円なので，売上総利益はその差額の8,000円ということになります。

　その結果，Ｓ社に在庫として保管されている商品50個の未実現利益は，400千円（＝8,000円×50個）であり，仕訳は次のとおりとなります。

```
          （借方）                    （貸方）
売 上 原 価      400  ／  商      品      400
```

 # 連結精算表

　前節，「6　各社の貸借対照表と損益計算書の作成」（186頁）と「7　内部取引の消去」（190頁）をもとに，連結決算を行うため次のような連結精算表を作成します。

　「①Ｐ社」欄はＰ社のＢ／Ｓ・Ｐ／Ｌを，「②Ｓ社」欄はＳ社のＢ／Ｓ・Ｐ／Ｌを記入します。また，「③合計」欄は①と②の合計を，「④消去」欄は内部取引の消去を示しています。「⑤連結」欄では③の合計に④の消去を加味することにより，連結決算書を作成するために必要な金額が示されます。

図62　連結精算表

（単位：千円）

	①P社	②S社	③＝①＋② 合計	④消去 借方	④消去 貸方	⑤連結
（貸借対照表）						
現預金	38,500	5,050	43,550			43,550
売掛金	5,000		5,000		②5,000	0
商品	3,400	1,250	4,650		④ 400	4,250
子会社株式	1,000		1,000		①1,000	0
その他の資産	80,000		80,000			80,000
買掛金		5,000	5,000	②5,000		0
負債	17,500		17,500			17,500
資本金	100,000	1,000	101,000	①1,000		100,000
当期純利益	10,400	300	10,700		d	10,300
（損益計算書）						
売上高	32,500	4,050	36,550	③5,000	a	31,550
売上原価	22,100	3,750	25,850	④ 400　③5,000	b	21,250
当期純利益	10,400	300	10,700		c（＝a－b）	10,300

　なお，連結精算表の右下にある当期純利益（c）は，「⑤連結」欄の損益計算書より計算され，その当期純利益を貸借対照表の当期純利益（d）に転記すると「⑤連結」の処理が終わり，次の図63の連結貸借対照表と図64連結損益計算書が完成します。

　なお，資産合計が127,800千円（＝43,550＋4,250＋80,000）であり，負債と純資産の合計が127,800千円（＝17,500＋100,000＋10,300）なので，貸借が一致し当期純利益10,300が正しく計算されたことが確認されます。

連結貸借対照表と連結損益計算書

　まず,「8　連結精算表」(191頁) のうち, ⑤連結欄の貸借対照表より, 連結貸借対照表を作成すると次の図63のようになります。

図63　連結貸借対照表
2xx2年 3 月31日現在　　　　　　　　(単位：千円)

(資産の部)		(負債の部)	
現　預　金	43,550	負　　　債	17,500
商　　品	4,250		
その他の資産	80,000		
		(純資産の部)	
		資　本　金	100,000
		当 期 純 利 益	10,300
資産の部合計	127,800	負債の部合計	127,800

　同じく, ⑤連結欄の損益計算書より, 連結損益計算書を作成すると次の図64のようになります。ただし, この連結損益計算書は, 経常利益, 税引前当期利益および当期純利益の記載を省略しています。

図64　連結損益計算書

2xx1年4月1日から2xx2年3月31日まで

（単位：千円）

売　　　上　　　高	31,550
売　　上　　原　　価	21,250
売　上　総　利　益	10,300
販売費および一般管理費	0
営　業　利　益	10,300

　連結子会社が3社以上の場合も，それぞれの貸借対照表と損益計算書を合算したうえで必要な消去をするという方法で，連結財務諸表を作成することができます。特に，未実現利益を消去することでグループ会社としての利益を正しく把握することが重要となります。

お わ り に

　決算書について，貸借対照表，損益計算書に焦点をあて，主に会社の立場から説明を試みました。決算書は多くのステークホルダーにとって興味のある情報に満ちているので，特定のステークホルダーの立場から考えると決算書の利用者に誤解を与えるかもしれません。そこで本書では，多くのステークホルダーとは別に，法人格を持つ会社をあたかも自然人であるかのように考え，会社の営利活動を会計というツールで把握し，決算書の意味するところを説明してきました。

　ステークホルダー間で最も意見が異なるのは，純資産に対する考え方です。株主は純資産が多くなれば配当を増加させよと言い，あるいは自社株の購入を通じて1株当たりの価値を上げよと言い，これらの結果により純資産を減らすように主張するでしょう。これに対し，債権者にとっては，純資産が少ないほど財務的安定性が低下するので，純資産を少なくする過大な配当の支払いや自社株の購入は望まない立場となります。経営者は純資産の増加に対し経営を委任してくれた株主の意向に沿うべく，また経営者自ら自己資本コストの増加を避けるべく，増配や自己株式の取得を進めることになるものの，逆に純資産が少なくなれば債権者同様，財務的安定性が損なわれるのでこれを回避しようとするでしょう。

　会社の立場ですが，負債は負債コストの負担があり，一定の時期になれば元本の返済をしなければなりません。同時に節税効果というメリットはありますが，負債コストや返済義務などの負担を超えるほど大きくはありません。一方，純資産は自己資本コストの負担があるものの，純資産が多くなればなるほど倒産リスクを低くします。ただし，倒産リス

ク低減は厳しい環境下でのメリットであり，通常は大きな問題ではありません。

　このように，負債と純資産はそれぞれ負担すべきコストがありますが，負債の節税効果と純資産の倒産リスク低減効果を加味し，本文で述べたように最適な負債と純資産の割合を実現しようとするでしょう。

　結局，会社の考えるところ負債であれば負債コストの負担があり，純資産であれば倒産リスクを下げる効果はあるものの配当を含む自己資本コストの負担があるので，いずれも「いやなモノ」となります。

　一方，資産は会社が営利活動を行うために必要不可欠なものであり，同時に「いやなモノ」である負債や純資産を減らす原資にもなるので「うれしいモノ」ということになります。

　営利活動を行う会社の重要な目的の一つは，利益を獲得することにあるので，「うれしいコト」である収益が「いやなコト」である費用より大きければ大きいほど利益が増加しうれしい結果となります。ただし，利益が多く獲得できれば会社の目的は達成するものの，翌期からは繰り越された利益が純資産を構成し，自己資本コストが増えることになるので，貸借対照表上「いやなモノ」として引き継がれることになります。

　結局，本書では会社の考える決算書の本質は次のとおりということになります。

1　資産の増加＝うれしいモノ（借方）

2　負債の増加＝いやなモノ（貸方）

3　純資産の増加＝いやなモノ（貸方）

4　収益の実現＝うれしいコト（貸方）

5　費用の発生＝いやなコト（借方）

6　損益計算書の当期純利益は収益（うれしいコト）が費用（いやなコ

ト）を越えた結果であり，営利企業としての会社の重要な目的の一つを達成したことになる。

7　貸借対照表では，今期の当期純利益は翌期には純資産に含まれ，その当期純利益に対応する自己資本コストを会社として負担しなければならず，それゆえ自己資本コストに相当する金額，またはそれを超える利益の獲得が期待されることになる。

8　負債は負債コストを負担しなければならないが，その際の節税効果は負債コストの負担を解消するほどではない。また，契約や慣行により負債は資産等で返済しなければならない。一方，純資産は自己資本コストの負担があるものの倒産リスクを少なくする。ただし，この倒産リスク低減効果は通常の営利活動ができている場合にはそれほど大きな効果とは言えない。これらのことから，負債コストの負担や元本返済義務がある負債と，主として自己資本コストの負担がある純資産を比較すると，同じ「いやなモノ」でも純資産のほうが負債より<u>まだまし</u>ということになる。

　会計要素である資産，負債，純資産，収益，費用とこれらで構成される損益計算書，貸借対照表の意味するところは，上記 1 ～ 8 でまとめたとおりですので，これらを皆さんが理解し，会社の経営や業務に役立てることができれば，私が本書を書き上げた最大の目的が達成できたということになります。

　なお，本書は「はじめに」において述べたとおり，ちふれホールディングス株式会社の創立75周年記念事業の一つとして執筆しました。ちふれグループのマネジメントにかかわる役員，幹部，中堅のビジネスパーソンや，今後このような立場になる皆さんの参考になれば，本書が75周年記念事業としてお届けできたことに意義があったと思います。

今般，本書を手に取られお読みいただいたビジネスパーソンの皆さんが，業務を進めるうえで会計的な判断ができるようになったとすれば，私にとって望外の喜びです。

　本書は，島田惠都子会長より出版へのご意見を賜り，また原稿についても社長秘書の久保田雛子さんをはじめとする多くの関係者の協力で実現したものです。この関係者の中には，役員車運転手の大内健太郎さんの慎重な運転を心がける気配りも原稿の作成に大いに役立ちました。

　改めて，ここに感謝の意を表します。

2022年9月20日

ちふれホールディングス株式会社

代表取締役社長　片岡方和

著者紹介

片岡　方和（かたおか　まさかず）

昭和44年3月　京都大学理学部物理学科卒業
平成7年9月　株式会社ちふれ化粧品　非常勤取締役就任
平成22年8月　同　代表取締役社長就任
平成30年6月　ちふれホールディングス株式会社
　　　　　　　　代表取締役社長就任現在に至る

ちふれホールディングス株式会社沿革

1947年（昭和22年）
三菱石油株式会社が石油事業停止に伴い，その一部門に化粧品の製造・販売会社のアゼリア薬品工業株式会社を設立。

1951年（昭和26年）
石油事業再開に伴い，島田松雄がアゼリア薬品工業株式会社を三菱石油から独立させ，社長に就任。

1955年（昭和30年）
社名を東京実業株式会社改称。

1959年（昭和34年）
島田松雄が日本化粧品工業連合会の欧米視察に参加。欧米では1ドルでも買える化粧品があることに衝撃を受ける。

1962年（昭和37年）
現在のちふれブランドの原点ともいえる，高品質・適正価格の化粧品を製造。
当時高級品だった化粧品を「誰でも購入できるようにしたい」という想いで販売した。
当初は安すぎて売れないという矛盾に苦しんだが，雑誌『暮らしの手帖』で大手メーカーとの比較テストが紹介され，品質に差がないことで注目を集めた。

1968年（昭和43年）

当時500万人以上の会員数を誇る全国地域婦人団体連絡協議会（当時）と提携し，会員向けに「ちふれ化粧品」を発売。
両者で３つの方針「適正な価格」「安全性を重視した製品づくり」「成分・分量の公開」を取り決めた。

1969年（昭和44年）

島田道雄が社長に就任。

1971年（昭和46年）

一般消費者からの要望により，大手百貨店や有名量販店等で「ちふれ化粧品」の販売を開始。１日に6000個売れる日もあるほどの人気を博した。

1973年（昭和48年）

石油危機による物価高騰・プラスチック原料の不足の中，価格の据え置き宣言を行い，消費者から物価安定商品として大きく評価される。

1974年（昭和49年）

省資源のために容器再利用の「詰め替え化粧品」を発売。

1978年（昭和53年）

業界に先駆けて，消費者の肌の安全を考え「全成分・分量」，「製造年月」を商品本体へ表示開始。

1981年（昭和56年）

フロンガスによる環境影響が叫ばれる中，業界に先駆けて，フロンガスを使わないスプレーポンプを容器に採用。

1982年（昭和57年）

東京都板橋区，神奈川県横浜市の旧工場を統合し，埼玉県川越市に本社・工場を建設。

1989年（平成元年）

島田雄二が社長に就任。
エコマーク商品の第一号にノンフロンヘアスプレー，セットローション，ヘアトリートメントスプレーの３商品が認定される。

1991年（平成３年）

東京実業株式会社から，株式会社ちふれ化粧品に社名を改称。

1992年（平成４年）

消費者優良企業として，通商産業大臣から表彰される。

2003年（平成15年）
より多くのお客様にちふれの想いを伝えるため，広告方針を変更し，初めての広告（TV CM）に踏み切る。

2008年（平成20年）
島田雄二が社長から会長へ。
前年に設立したジャパン・オーガニック株式会社より，国産オーガニックコスメブランド「do organic」を発売。

2010年（平成22年）
片岡方和が社長に就任。
「ちふれ」の中国での販売開始。

2011年（平成23年）
女性を応援する企業の象徴的活動として，サッカーチーム「ASエルフェン狭山（現・ちふれASエルフェン埼玉）」とスポンサーシップ契約を締結。
島田雄二が会長から名誉会長へ。島田惠都子が会長に就任。

2012年（平成24年）
化粧品容器や販売用什器の製造・販売を担う株式会社アゼリアを設立。

2015年（平成27年）
高知の名門よさこいチーム「とらっくよさこい」への協賛開始。
「ちふれ」のタイ王国での販売開始。
タイ王国を皮切りに，その後東南アジア各国で販売を開始する。

2018年（平成30年）
持株会社化に伴い株式会社ちふれ化粧品からちふれホールディングス株式会社に商号変更。改めて株式会社ちふれ化粧品を設立。
プレステージブランド「HIKARIMIRAI（ヒカリミライ）」を発売。
化粧道具ブランド「BEAUTY UP TOOL」を発売。
株式会社エルフェンスポーツクラブを設立。

2019年（平成31年）（令和元年）
ナチュラルコスメブランド「do natural」を発売。

2022年（令和4年）
メイクアップ化粧品OEM・受託製造会社　株式会社アイメイトをグループ会社化。

知ってもらいたい会計
―トップマネジメントより役員, 幹部, 中堅のビジネスパーソンへ―

2024年3月31日　初版発行

著　者	片岡　方和
発行者	大坪　克行
発行所	株式会社 税務経理協会
	〒161-0033東京都新宿区下落合1丁目1番3号
	http://www.zeikei.co.jp
	03-6304-0505
印刷所	光栄印刷株式会社
製本所	牧製本印刷株式会社

本書についての
ご意見・ご感想はコチラ

http://www.zeikei.co.jp/contact/

ISBN 978-4-419-06988-9　C3034